BIBLIOTHÈQUE NOBILIAIRE.

DICTIONNAIRE HISTORIQUE

DES ORDRES

DE CHEVALERIE

CRÉÉS CHEZ LES DIFFÉRENTS PEUPLES

DEPUIS LES PREMIERS SIÈCLES JUSQU'A NOS JOURS

PAR

H. GOURDON DE GENOUILLAC

Auteur de la GRAMMAIRE HÉRALDIQUE

DEUXIÈME ÉDITION

Entièrement revue et corrigée

PARIS

E. DENTU, ÉDITEUR

Libraire de la Société des Gens de Lettres

PALAIS-ROYAL, 13, GALERIE D'ORLÉANS

SA MAJESTE LÁ REINE D'ESPAGNE

DICTIONNAIRE HISTORIQUE

DES ORDRES

DE CHEVALERIE

Paris.—Imprimé chez Bonaventure et Ducessois, 55, quai des Augustins.

DICTIONNAIRE HISTORIQUE

DES ORDRES

DE CHEVALERIE

CRÉÉS CHEZ LES DIFFÉRENTS PEUPLES

DEPUIS LES PREMIERS SIÈCLES JUSQU'A NOS JOURS

PAR

H. GOURDON DE GENOUILLAC

Auteur de la GRAMMAIRE HÉRALDIQUE

PARIS

E. DENTU, ÉDITEUR

LIBRAIRE DE LA SOCIÉTÉ DES GENS DE LETTRES

PALAIS-ROYAL, GALERIE D'ORLÉANS, 13

1860

Décret impérial relatif aux décorations étrangères,
du 10 juin 1853.

NAPOLÉON, par la grâce de Dieu et la volonté nationale, EMPEREUR DES FRANÇAIS, à tous présents et à venir, SALUT.

Sur le rapport de notre grand chancelier de l'ordre impérial de la Légion d'honneur;

Après avoir pris l'avis du conseil de l'ordre;

Vu les articles 50 et 52, § 3 et 4 du décret organique de la Légion d'honneur, en date du 16 mars 1852, lesquels portent :

« Art. 50. Tous les ordres étrangers sont dans les attribu-
« tions du grand chancelier de la Légion d'honneur;

« Art. 52, § 3. Il (le grand chancelier) prend les ordres du
« chef de l'État à l'égard des ordres étrangers conférés à des
« Français;

« § 4. Il transmet l'autorisation de les porter; »

Vu l'article 259 du Code pénal ainsi conçu :

« Toute personne qui aura publiquement porté un costume,

un uniforme ou une décoration qui ne lui appartiendra pas, sera punie d'un emprisonnement de six mois à deux ans ; »

Considérant qu'au mépris de ces dispositions, des Français se décorent d'insignes d'ordres étrangers conférés par des autorités ou des corporations n'ayant pas la puissance souveraine, ou pour lesquels ils n'ont pas obtenu une autorisation spéciale ;

Considérant que des abus graves se sont introduits dans le mode de porter les insignes des ordres étrangers pour lesquels l'autorisation a été accordée ;

Voulant faire cesser des désordres d'autant plus fâcheux que leur effet est d'affaiblir la juste considération qui doit s'attacher aux décorations conférées par des souverains étrangers et le prix de récompenses obtenues régulièrement et données à des services certains et vérifiés ;

Voulant également que la loi pénale reçoive sa pleine exécution et que nos officiers de justice ne négligent plus d'exercer, à cet égard, la surveillance qui leur est prescrite,

Avons décrété et décrétons ce qui suit :

Art. 1er. Toutes décorations, ou ordres étrangers, quelle qu'en soit la dénomination ou la forme, qui n'auraient pas été conférés par une puissance souveraine, sont déclarés illégalement et abusivement obtenus, et il est enjoint à tout Français qui les porte de les déposer à l'instant.

2. Tout Français qui, ayant obtenu des ordres étrangers, n'aura pas reçu du chef de l'État l'autorisation de les accepter et de les porter, sera pareillement tenu de les déposer immédiatement, sauf à lui à se pourvoir, s'il y a lieu, auprès de notre grand

chancelier de l'ordre impérial de la Légion d'honneur, pour solliciter cette autorisation.

3. Il est formellement interdit de porter d'autres insignes que ceux de l'ordre et du grade pour lesquels l'autorisation a été accordée, sous les peines édictées en l'article 259 du Code pénal.

4. A l'avenir, toute demande d'autorisation d'accepter et de porter les insignes d'un ordre ou d'une décoration étrangère devra être adressée hiérarchiquement au grand chancelier, par l'intermédiaire du ministre dont relève le demandeur à raison de ses fonctions ou de son emploi.

Si le demandeur en autorisation n'exerce aucune fonction publique, ou n'a que des fonctions gratuites, il adressera sa demande par l'intermédiaire du préfet de sa résidence actuelle.

Les ministres, les hauts dignitaires de l'État, les membres du Sénat, du Corps législatif, du Conseil d'État et du Conseil de l'ordre impérial de la Légion d'honneur sont autorisés à adresser leur demande directement à notre grand chancelier.

5. Les ministres et les préfets devront transmettre immédiatement à notre grand chancelier les demandes d'autorisation qui leur sont remises, avec leur avis sur la suite à y donner.

6. Toute demande d'autorisation formée par un Français ne faisant pas partie de la Légion d'hon-

neur devra être accompagnée d'un extrait régulier de son acte de naissance.

7. Les autorisations par nous délivrées seront insérées au *Moniteur*.

8. Une ampliation du décret d'autorisation sur parchemin, conforme au modèle ci-annexé, sera délivré à l'impétrant.

9. Pareille ampliation sera délivrée aux Français déjà autorisés qui en feront la demande à notre grand chancelier de l'ordre impérial de la Légion d'honneur.

10. Il sera perçu par la grande chancellerie de la Légion d'honneur, à titre de droit de chancellerie, savoir :

Pour les décorations portées à la boutonnière...... 60 f.
Pour les décorations portées en sautoir............ 100
Pour les décorations avec plaque sur la poitrine.... 150
Pour les décorations avec grand cordon en écharpe. 200

11. Les soldats, sous-officiers et officiers en activité de service, jusques et y compris le grade de capitaine dans l'armée de terre, et de lieutenant de vaisseau dans l'armée de mer, qui, à l'avenir, seront autorisés à accepter et porter des ordres ou des décorations étrangères, seront exempts de tous droits de chancellerie.

12. Les produits des droits de chancellerie seront employés :

1º A couvrir les frais d'expédition des ampliations de décrets d'autorisation;

2º A augmenter le fonds de secours affecté aux membres et aux orphelines de la Légion d'honneur.

13. Les dispositions disciplinaires des lois, décrets et ordonnances sur la Légion d'honneur sont applicables aux Français décorés d'ordres étrangers; en conséquence, le droit de porter les insignes de ces ordres peut être suspendu ou retiré dans les cas et selon les formes déterminés pour les membres de la Légion d'honneur.

14. L'ordonnance du 16 avril 1824 est abrogée.

15. Nos ministres et notre grand chancelier de l'ordre impérial de la Légion d'honneur sont chargés, chacun en ce qui le concerne, de l'exécution du présent décret.

Fait au palais de Saint-Cloud, le 10 juin 1853.

Signé: NAPOLÉON.

Vu pour l'exécution :   Par l'Empereur :
Le Grand chancelier de la Légion d'honneur, *Le Ministre d'État,*
Signé : Duc DE PLAISANCE.   Signé : ACHILLE FOULD.

Rapport à l'Empereur sur le mode d'exécution du décret du 10 juin 1853, relatif aux décorations étrangères, du 13 juin 1853.

SIRE,

Le décret de Votre Majesté, en date de ce jour, sur les ordres ou les décorations étrangères, n'ayant pu que poser des principes généraux, il est nécessaire que des dispositions secondaires viennent me guider dans les mesures que je dois prendre pour en assurer la complète exécution.

J'ai donc l'honneur de proposer à Votre Majesté d'arrêter les dispositions suivantes, qui auront alors toute la force de son autorité souveraine, et deviendront l'expression de sa volonté impériale.

1° Sont considérées comme illégalement ou abusivement obtenues, toutes décorations qualifiées françaises ou étrangères, et conférées sous quelque titre que ce soit par des chapitres, corporations, confréries, prétendus grands maîtres ou leurs délégués, etc.

2° L'ordre de Malte, étant un ordre étranger, ne peut être accepté ou porté par un Français qu'autant que, conféré par un souverain, l'autorisation en a été accordée par nous ou nos prédécesseurs.

3° Toute décoration étrangère ne pourra être portée en sautoir (commandeur ou classe correspondante) que par les officiers supérieurs ou les fonctionnaires d'un rang analogue.

Les grands cordons ou plaques seront seulement

portés par les officiers généraux ou les fonctionnaires civils d'un rang correspondant.

Toute autorisation antérieure, contraire à la présente disposition, est révoquée.

4° Il est interdit à tout Français, sous les peines édictées par l'article 259 du Code pénal, de porter aucun costume ou uniforme soi-disant spécial ou afférent à un ordre ou à une décoration étrangère.

5° Les demandes en autorisation d'accepter ou de porter des ordres ou des décorations étrangères seront examinées et vérifiées, en conseil de l'ordre, par notre grand chancelier de l'ordre impérial de la Légion d'honneur.

6° Nos ministres, notre grand chancelier de l'ordre impérial de la Légion d'honneur et nos officiers de justice sont spécialement chargés de veiller à la stricte exécution des présentes décisions.

Je suis, avec le plus profond respect,

Sire,

de Votre Majesté,

Le très-humble, très-obéissant et très-fidèle serviteur et sujet.

Le Grand Chancelier de la Légion d'honneur,
Signé : Duc DE PLAISANCE.

Approuvé :
Signé : NAPOLÉON.

Vu pour l'exécution :   Par L'Empereur :
Le Grand Chancelier de la Légion d'honneur,   Le Ministre d'État,
Signé : Duc DE PLAISANCE.   Signé : ACHILLE FOULD.

Toute personne ayant reçu une décoration étrangère doit, pour se conformer aux dispositions énoncées dans le décret du 10 juin 1853 :

Verser les droits (voir le décret) à la Caisse des dépôts et consignations contre récépissé ;

Adresser une demande d'autorisation au grand chancelier de l'ordre impérial de la Légion d'honneur, en l'envoyant sous pli à M. le Préfet de son département (si l'intéressé habite Paris, à M. le Préfet de la Seine, bureau des communes) ;

Et à l'appui de la demande, joindre le brevet de l'Ordre, son acte de naissance et le reçu de la Caisse des dépôts et consignations.

Ces formalités remplies, attendre le résultat de l'enquête. Au bout de quelques mois, si elle est favorable, le décoré reçoit une ampliation du décret d'autorisation (inséré au *Moniteur*) qui remplace pour lui le brevet original.

Au reste, les renseignements sont fournis tous les mercredis, de deux à quatre heures, à la grande Chancellerie.

AVERTISSEMENT

Ce qu'il importe de connaître dans l'histoire des ordres de chevalerie qui sont actuellement conférés en Europe ou éteints, ce n'est pas la forme de la croix, la couleur du ruban ou les dimensions de la plaque; ce renseignement, on le trouve partout, mais c'est :

1° La date précise de la fondation de l'ordre;

2° Le nom de son fondateur;

3° Le motif de sa création;

4° Les diverses phases de son existence;

5° Sa situation actuelle, s'il est encore conféré;

6° Les causes qui ont amené son extinction, s'il ne se confère plus.

Voilà le but que s'est proposé d'atteindre le *Dictionnaire historique des ordres de chevalerie.*

Ce livre ne traite que des ordres de chevalerie proprement dits ; quant aux médailles et aux croix destinées à récompenser les personnes qui ont pris part à une guerre ou à un événement extraordinaire, ce sont des distinctions purement individuelles, qui ne peuvent prendre place dans ce volume consacré à l'histoire des ordres de chevalerie civils, religieux et militaires. Nous placerons cependant, et par exception, à la suite de ces ordres les médailles instituées par S. M. l'Empereur Napoléon III.

Par suite du décret rendu le 10 juin 1853 par S. M. l'Empereur, toutes décorations ou tous ordres étrangers, quelle qu'en soit la dénomination ou la forme, qui n'auraient pas été conférés par une puissance souveraine, sont déclarés illégalement et abusivement obtenus. Nous donnons plus loin le texte de ce décret.

Afin de faire connaître les ordres de chevalerie qui sont conférés actuellement par les *puissances souveraines*, une nomenclature, placée à la fin de l'ouvrage, les désignera, ainsi que la couleur du ruban qui leur est assigné.

DES ORDRES DE CHEVALERIE

Lorsque les lueurs du christianisme éclairèrent le monde, les persécutions et le martyre vinrent assaillir les premiers adeptes de la religion nouvelle, qui devait grandir et s'universaliser en propageant sa doctrine sur toute la terre. Pleines de confiance dans leur sainte croyance, animées d'un zèle qui s'inspirait d'une foi profonde, on vit alors des milices sacrées se former et s'organiser, afin d'offrir une fraternelle assistance aux disciples de la croix, et de les défendre au besoin par les armes contre les attaques de leurs ennemis.

Bientôt les papes, les empereurs, les rois, se déclarèrent les grands maîtres, les chefs et les soutiens des vaillantes cohortes de chevaliers de tous ordres, qui ne reculaient devant aucun péril, aucun sacrifice, pour assurer le triomphe de la sainte cause qu'ils servaient.

La plupart des ordres de chevalerie furent en même temps religieux et militaires; les membres s'engageaient par des vœux, se soumettaient à des règles d'abstinence et d'obéissance qui leur étaient imposées; et cette double organisation leur donna une force d'action peu commune et une importance remarquable.

C'est donc à la naissance du christianisme qu'il faut reporter l'époque de la fondation de ces ordres.

Après la mort de N.-S. Jésus-Christ, quelques fidèles s'assemblèrent et se donnèrent la mission de garder le saint sépulcre. Ces humbles gardiens viennent, en prenant cette résolution, de créer l'ordre du Saint-Sépulcre, qui traversera dix-neuf siècles. Nous le retrouvons, aujourd'hui comme autrefois, sous la maîtrise du gardien du tombeau du Christ, patriarche de Jérusalem.

Une grande partie des ordres de chevalerie sont éteints, en raison même des circonstances qui déterminèrent leur création et qui ont cessé d'exister; d'autres, au contraire, sont arrivés jusqu'à nous, dépouillés seulement des formes qui n'étaient plus en harmonie avec les mœurs, les usages et les coutumes de notre société. Tels sont les ordres de *Calatrava,* de *Malte,* d'*Alcantara,* de *Montesa,* etc.

A côté des institutions dont nous venons de parler, viennent se placer les ordres créés par les souverains des diverses nations et destinés à récompenser les personnes qui se sont distinguées, soit par leurs services civils ou militaires, soit par leur mérite, leurs vertus ou leurs belles actions.

La fondation de ces ordres doit être considérée comme une œuvre incontestablement utile à la grandeur d'un peuple, puisqu'elle a pour but de diriger les hommes vers la pratique du bien et l'accomplissement des grandes choses.

DICTIONNAIRE HISTORIQUE

DES ORDRES

DE CHEVALERIE

A

AGNEAU DE DIEU (Ordre de l').

Le roi de Suède, Jean, surnommé le Grand, créa cet ordre à Upsal, en l'année 1574, le jour même de son couronnement, afin de perpétuer le souvenir de son avénement au trône et dans le but de récompenser plusieurs seigneurs de sa cour de leur attachement à sa personne. Cette institution tomba bientôt en désuetude et finit par disparaître complétement après une courte durée.

AIGLE BLANC (Ordre impérial et royal de l').

Wladislas le Bref créa cet ordre en ses États, vers l'année 1325, à l'occasion du mariage de son fils Casimir avec la princesse lithuanienne Anne, et le destina à récompenser la fidélité des seigneurs de sa cour. Il brilla d'un assez vif éclat et finit par tomber dans l'oubli à la suite des événements politiques. En 1697, l'électeur de Saxe, Auguste II, ayant été proclamé roi de Pologne, lutta longtemps afin d'obtenir la possession de cette couronne, qui lui était vivement disputée. Il ne fut pas toujours heureux dans les combats qu'il eut à soutenir contre le roi de Suède, et, afin de rallier à son parti les Polonais, dont la plupart commençaient à l'abandonner, lassés de ne point le voir victorieux, il renouvela, le 1er novembre 1705, l'ordre de l'Aigle blanc. Après le partage de la Pologne, en 1795, l'ordre parut tout à fait aboli ; mais Napoléon Ier, empereur des Français, ayant, par l'acte constitutionnel du 21 juillet 1807, établi le duché de Varsovie, le roi Frédéric-Auguste de Saxe, portant le titre de duc de Varsovie, rétablit l'ordre de l'Aigle blanc ainsi que les différents ordres polonais, et s'en déclara grand maître.

Depuis la réunion de la Pologne à l'empire russe, l'empereur continua à conférer cet ordre, qui prit le nom d'ordre impérial et royal de l'Aigle blanc à la suite de l'insurrection polonaise de 1832.

AIGLE DE BRANDEBOURG (Ordre de l'). Voy. AIGLE ROUGE.

AIGLE DE PRUSSE (Ordre de l'). Voy. AIGLE NOIR.

AIGLE D'ITALIE (Ordre de l').

Cet ordre fut créé, le 15 février 941, par le roi d'Italie, Hugo II de Gonzaga, afin de perpétuer le souvenir de son mariage avec la princesse Élisabeth de Gonzaga et de Lombardie, fille du comte soûverain de Milan. Walterius de Gonzaga, premier marquis de Mantoue, vice-roi d'Italie, devenu grand maître de l'ordre, renouvela ses statuts en 968 et lui donna de nombreux priviléges.

Après une assez longue durée, cet ordre finit par disparaître complétement.

AIGLE D'OR (Ordre royal de l'),
ou Ordre de SAINT-HUBERT,
ou Ordre de la GRANDE CHASSE.

Éberhard-Louis, duc de Wurtemberg, institua cet ordre en 1702 dans ses États, et lui donna les noms de Saint-Hubert ou de la Grande Chasse. Il commençait à tomber en desuétude lorsque le roi de Wurtemberg, Frédéric Ier, le renouvela en 1806, lui donna de nouveaux statuts et le nom définitif d'ordre de l'Aigle d'or.

Le roi en était le chef suprême et le grand maître. Il ne se composait que d'une seule classe de membres, portant tous le titre de chevaliers.

Le 23 septembre 1818, le roi Guillaume Ier remplaça cet ordre par celui de la Couronne de Wurtemberg.

AIGLE NOIR (Ordre très-noble de l'),
ou Ordre de l'AIGLE DE PRUSSE.

Frédéric Ier, roi de Prusse, créa cet ordre en ses États, le 18 janvier 1701, afin de perpétuer le souvenir de son avénement au trône. Il le destina à récompenser les personnes les plus éminentes de l'État, tant par leur mérite que par les services rendus à leur patrie. L'ordre de l'Aigle noir, qui devint le premier du royaume, ne se confère aujourd'hui qu'à des princes, à des grands seigneurs étrangers, ou enfin à des personnages illustres. Il est considéré comme une haute marque d'estime et de distinction de la part du roi de Prusse.

Cet ordre n'est composé que d'une seule classe de membres, qui portent tous le titre de chevaliers; le nom d'Aigle noir lui fut donné en mémoire de l'aigle qui entre dans les armoiries du royaume de Prusse.

AIGLE ROUGE (Ordre de l'),
ou Ordre de la SINCÉRITÉ,
ou Ordre de l'AIGLE DE BRANDEBOURG.

Georges-Guillaume, prince héréditaire de Bayreuth, créa cet ordre en 1705, et lui donna le nom de l'Aigle rouge, qui figure dans les armes de la maison de Brandebourg. Il fut aussi appelé ordre de la Sincérité : cette institution ne fut complétée qu'en 1712, et subit différentes modifications dans ses statuts en 1734, 1759, 1777, 1791. Suivant lettres patentes du 12 juin 1792, le roi de Prusse, Frédéric-Guillaume II, s'en déclara grand maître et lui donna rang après celui de l'Aigle noir.

Cet ordre ne se composait primitivement que d'une seule classe de membres, qui tous portaient le titre de chevalier; mais, en 1810, deux autres classes furent ajoutées, et une quatrième le 18 janvier 1830. Une dernière modification survint encore le 22 janvier 1832. Il est aujourd'hui destiné à la récompense du mérite et des services rendus à l'État.

AILE DE SAINT-MICHEL (Ordre de l').

L'origine de cet ordre est attribuée à un fait miraculeux que rapporte une légende portugaise :

Dans un des fréquents combats livrés par les Portugais aux Maures, on raconte que saint Michel parut dans la mêlée afin de soutenir le courage des Portugais. Sa présence ayant contribué puissamment à faire triompher l'armée d'Alphonse Ier, ce dernier, pour témoigner à saint Michel toute sa reconnaissance et le remercier du secours qu'il en avait reçu, créa, en Portugal, dans l'année 1165, l'ordre de Saint-Michel, qui ne reçut la sanction d'aucun souverain pontife, et ne tarda pas à disparaître complétement après avoir brillé d'un assez vif éclat.

Les chevaliers de cet ordre étant divisés en religieux et militaires, les premiers suivaient la règle de Cîteaux ; les seconds faisaient vœu de défendre la religion, le royaume, la veuve et l'orphelin.

ALBERT LE VALEUREUX (Ordre royal d').

Cet ordre a été créé à Dresde le 31 décembre 1850 par le roi Frédéric-Auguste, à l'effet de récompenser les services rendus à l'État, les vertus civiques et les personnes qui se sont distinguées dans les sciences, les arts, etc. Il est divisé en cinq classes : grands-croix, commandeurs de 1re et 2e classe, chevaliers et petites-croix.

Le roi seul a le droit d'admettre et promouvoir dans l'ordre institué en mémoire du fondateur de la branche albertine, Albert le Valeureux.

ALBERT L'OURS (Ordre d').

Cet ordre fut créé, le 18 novembre 1836, par Henri-Léopold-Frédéric et Alexandre-Charles, ducs souverains d'Anhalt, en remplacement de l'ordre de l'Ours, créé par Sigismond en 1382. Il a pour but de récompenser le mérite, la fidélité, les talents et les services des sujets des duchés d'Anhalt.

Le nom d'Albert l'Ours lui fut donné en mémoire du margrave Albert l'Ours, l'un des ancêtres des ducs d'Anhalt.

Les ducs d'Anhalt sont grands maîtres de l'ordre aux termes des statuts, qui ont été renouvelés et promulgués à Dessau le 24 février 1850.

Les membres sont aujourd'hui divisés en quatre classes : grands-croix, commandeurs de 1re classe, commandeurs de 2e classe et chevaliers.

ALBRAC (Ordre d'). Voy. AUBRAC.

ALCANTARA (Ordre d'),
ou Ordre de SAINT-JULIEN DU POIRIER.

Ferdinand II, roi de Léon et de Galice, créa, en 1176, sur les instances d'un gentilhomme, du nom de Gomez Fernandez, qui en avait conçu le projet, un ordre de chevalerie religieux et militaire, dans le but de former une milice aguerrie qui l'aidât à repousser les Maures, ses ennemis. Il s'en déclara protecteur, nomma Fernandez grand maître, et le fit approuver, sous le nom d'ordre de Saint-Julien du Poirier, par le pape Alexandre III, en 1177. Ce dernier donna aux chevaliers la règle de saint Benoît. Le pape Luce III en confirma de nouveau les statuts en 1183.

En 1213, Alphonse IX, roi de Castille, ayant enlevé aux Maures la ville d'Alcantara, en confia la garde aux chevaliers de l'ordre de Calatrava ; ces derniers y demeurèrent jusqu'en 1217, et du consentement du roi, l'offrirent aux chevaliers de Saint-Julien du Poirier, dont la renommée de courage commençait à s'étendre. Ceux-ci acceptèrent la défense d'Alcantara, et, pour témoigner la satisfaction qu'ils en éprouvaient, prirent le nom de chevaliers de l'ordre d'Alcantara, et unirent l'ordre à celui de Calatrava, dont ils reconnurent le grand maître pour chef. Bientôt des dissensions s'élevèrent entre les deux institutions, dissensions qui aboutirent à une désunion complète. Les chevaliers d'Alcantara se retirèrent, formèrent une association dont les statuts étaient plus en harmonie avec ceux de leur premier établissement, et se choisirent un grand maître, qui prit le titre de grand maître de l'ordre d'Alcantara.

En 1489, la grande maîtrise fut réunie à la couronne de Castille, en la personne de Ferdinand le Catholique, par suite de la démission volontaire de cette dignité par don Juan de Laniga. En 1540, le pape Paul III releva les chevaliers du vœu de chasteté, en leur permettant de contracter mariage.

L'ordre d'Alcantara, qui s'est continué jusqu'à nos jours, n'a cessé de briller d'un vif éclat, et est aujourd'hui considéré comme l'un des ordres les plus célèbres de l'Espagne.

ALEXANDRE (Ordre d'). Voy. DÉVOUEMENT.

ALLIANCE (Ordre de l').

Cet ordre a été institué en Suède, en l'année 1527, par le roi Gustave Ier, afin de perpetuer le souvenir de son mariage avec la fille de l'électeur de Brandebourg. Ce fut à cette occasion qu'il lui donna le nom d'ordre de l'Alliance.

On ignore le sort de cette institution, tombée dans l'oubli depuis longtemps.

AMARANTE (Ordre d').

Cet ordre a été créé en Suède, par la reine Christine, l'an 1653, en souvenir du nom d'Amarante, qui lui avait été donné à l'occasion d'une fête. Elle le destina à récompenser l'attachement que lui portaient ses sujets, et le conféra indifféremment aux personnes des deux sexes.

Peu de temps après son institution, sa fondatrice le négligea, et il disparut entièrement à la mort de Christine.

AMÉRICAIN DE SAN JUAN (Ordre).

Le 13 juillet 1854 la ville libre de Grey-Town, autrefois San Juan de Nicaragua, fut bombardée sous le prétexte le plus futile par ordre du pouvoir exécutif de Washington qui exigeait une somme considérable pour un dommage fictif causé à certains citoyens nord-américains.

L'incendie et les bombes ennemies amenèrent la

ruine de la malheureuse cité. Cependant, les membres de l'administration du pays en relevèrent les debris, et résolurent d'envoyer une délégation officielle en Europe pour y faire connaître les faits dont ils avaient été victimes; les demarches de leur délégué furent secondées par tous ceux qu'avait émus cette cause digne de toutes les sympathies.

La ville libre de Grey-Town crut de son devoir de témoigner sa reconnaissance pour tant d'efforts tentés en sa faveur, et elle institua l'ordre américain de San Juan destiné à récompenser les services rendus, à quelque titre que ce soit, aux affaires publiques et à la cause de la justice et du droit.

L'arrêté d'institution et de constitution porte la date du 1er mai 1857; il fut suivi d'une exécution immédiate.

Les membres de l'ordre sont divisés en trois classes.

Le maire de la ville libre de Grey-Town est le chef de l'ordre, qui ne peut d'ailleurs être conféré qu'en conseil des administrateurs de la cité.

Chaque brevet doit porter la signature du chancelier de la municipalité et celles de trois au moins des administrateurs, parmi lesquelles celle du maire ou de son délégué.

A raison de la difficulté et des lenteurs des communications, le délégué de la population de la ville libre de Grey-Town en Europe est chargé, en ce qui concerne les pays où il exerce sa mission, d'y conférer l'ordre américain de San Juan.

AMOUR DU PROCHAIN (Ordre de l').

Cet ordre fut créé en Suède, en l'année 1708. Il était conféré aux personnes des deux sexes, et récompensait les Suédois de leur fidélité et de leur attachement à la personne de la souveraine.

Il paraît avoir été une sorte de renouvellement de l'ordre d'Amarante.

Cet ordre ne tarda pas à disparaître, n'ayant jamais eu d'importance réelle.

ANCIENNE NOBLESSE (Ordre d'). Voy. Ordre des QUATRE EMPEREURS.

ANGÉLIQUES DORÉS SOUS L'INVOCATION DE SAINT-GEORGES (Ordre des). Voy. CONSTANTINIEN.

ANNONCIADE (Ordre de l').

Cet ordre, conféré en Sardaigne et en Savoie, est une continuation de l'ordre du Collier, ou du Lacs d'amour, que Charles III, duc de Savoie, renouvela, en 1518, sous le nom d'ordre de l'Annonciade, et qu'il consacra à la très-sainte Vierge. Les statuts furent complétement révisés, en 1720, par Victor-

Amédée, devenu roi, qui en fit le premier ordre de la Sardaigne.

L'ordre, dont le grand maître est le roi de Sardai-

gne, est composé d'une seule classe de membres, portant le titre de chevaliers.

ARGATA (Ordre d'),
ou Ordre du Dévidoir.

Cet ordre fut créé en 1386 par Louis d'Anjou qui le conféra à Naples aux gentilshommes de ce pays qui prirent les armes pour lui contre la reine Marguerite.

Les chevaliers portaient sur le côté gauche de leur manteau un blason de *gueules au dévidoir d'or,* ce qui les fit souvent dénommer sous le titre de chevaliers du Dévidoir.

Il s'éteignit avec les troubles qui divisèrent la noblesse napolitaine.

ARGONAUTES DE SAINT-NICOLAS (Ordre des). Voy. NAVIRE.

ASIATIQUE DE MORALE UNIVERSELLE (Ordre).

Cet ordre a été créé par la sultane mogole Alina d'Eldir durant son séjour en France; les statuts en furent autorisés le 6 juillet 1835 et approuvés quelque temps après par le saint-siége apostolique. Il était destiné à récompenser les personnes qui s'étaient distinguées par leurs belles actions, leur mérite et leurs vertus, qu'elle que fût leur nation.

Les membres de l'ordre étaient divisés en cinq classes : chevaliers honoraires, chevaliers, officiers, commandeurs et grands-croix. Il cessa d'être conféré à la mort de la sultane, survenue en 1851.

AUBRAC (Ordre hospitalier d'),
ou Ordre d'ALBRAC.

Cet ordre fut créé en France par Allard, vicomte de Flandres, à la suite des circonstances suivantes :

On raconte que ce prince, ayant été attaqué, sur une montagne près d'Aubrac, par une bande de voleurs, fit vœu, s'il échappait au péril qui le menaçait, de fonder en cet endroit un hôpital destiné à recevoir les pèlerins. S'étant heureusement tiré de leurs mains, il se hâta de ratifier sa promesse, et, à cet effet, fonda, en

1120, l'hôpital d'Aubrac, où furent admis des chevaliers militaires et religieux.

Pierre II, évêque de Rhodez, approuva cette fondation en 1162, et donna aux chevaliers hospitaliers la
règle de saint Augustin, ce qui fut confirmé, dans le
courant de la même année, par le pape Alexandre III.

Cet ordre fut supprimé par Louis XIV, en 1697,
après cinq siècles de durée.

AVIS (Ordre d'),
    ou Ordre du MÉRITE MILITAIRE D'AVIS,
    ou NOUVELLE MILICE,
    ou CONFRÈRES DE SAINTE-MARIE D'ÉVORA.

Alphonse-Henriquez Ier, roi
de Portugal, ayant pris, en
l'année 1117, la ville d'Evora
sur les Maures, demeura plei-
nement convaincu qu'il devait
cette-importante conquête à la
protection de la très-sainte
Vierge, qu'il avait implorée
avant de livrer le combat. Afin
de lui en témoigner sa reconnaissance, il donna le nom de
Confrères de Sainte-Marie d'É-
vora à une troupe de chevaliers, formée par ses
soins, dans le but de garder et défendre la ville, qui
pouvait d'un instant à l'autre être reprise par les
Maures. Les chevaliers maintinrent la possession et
restèrent plusieurs années dans les murs d'Evora.

En 1181, Henriquez, ayant de nouveau battu les infidèles, leur enleva la forteresse d'Avia ou d'Avis, et
en confia la garde à la vaillante milice des Confrères
de Sainte-Marie d'Évora. Ceux-ci, en venant s'y établir, se constituèrent en ordre religieux et militaire,
sous le nom de chevaliers de l'ordre d'Avis. La règle
de Cîteaux devint celle de l'ordre, qui se signala par
des services éminents rendus à la cause de la religion
catholique. En considération de ces faits, le pape Innocent III approuva ses statuts en 1204.

A partir de ce moment, cette institution commença
à prendre une extension réelle, et acquit des biens
que vint accroître une donation importante : celle que
lui fit don Rodriguez Garces de Aca, de toutes les richesses appartenant à l'ordre de Calatrava, dont il était
grand maître. Cette libéralité détermina une fusion
qui s'opéra entre les chevaliers d'Avis et ceux de Calatrava, mais elle dura peu. En 1385, Jean, roi de
Portugal, étant devenu grand maître de l'ordre d'Avis,
amena une scission avec l'ordre de Calatrava, et
l'ordre d'Avis redevint complétement indépendant.

En 1789, cet ordre fut sécularisé; la reine dona Maria lui donna le nom d'ordre du Mérite militaire du
Portugal, et divisa les membres en trois classes :
grands-croix, commandeurs et chevaliers.

Il est conféré aux sujets nationaux et aux étrangers
de distinction qui s'illustrent par quelque action remarquable ou rendent des services à la nation portugaise.

L'ordre d'Avis s'établit au Brésil avec les différents

ordres portugais ; mais, ne se trouvant plus en rapport avec les circonstances survenues depuis l'indépendance de cette contrée, et la grande maîtrise ayant refusé de se soumettre aux prescriptions de la bulle *Præclara Portugalla Algabiorum regum*, cet ordre y a perdu son caractère religieux et y est devenu la récompense des personnes qui se distinguent par leurs actions ou leurs services, leur mérite ou leurs vertus.

Selon les légendes portugaises, le nom d'*Avis* (oiseau) a été donné à la ville prise sur les infidèles, et par suite à cet ordre, parce que les premiers chevaliers qui entrèrent dans la forteresse aperçurent sur les murailles un oiseau qui chanta à leur approche.

B

BAIN (Ordre du).

Henri IV, roi d'Angleterre, était au bain lorsqu'on lui annonça que deux veuves venaient implorer sa protection. Aussitôt, il sortit du bain afin d'écouter leur réclamation, et prononça ces paroles mémorables : « L'exercice de mes devoirs de roi doit passer avant mes plaisirs. » Bientôt après, ce prince fonda un ordre, dont les statuts sont datés de janvier 1399, et qu'il appela ordre du Bain. On attribua le nom donné par lui à cet ordre à l'aventure qui précède.

Sous les règnes orageux de Jacques II, de Guillaume III et de la reine Anne, l'ordre du Bain demeura presque dans l'oubli. Il fut solennellement renouvelé par le roi Georges Ier, qui le destina à la récompense du mérite. Ainsi que tous les ordres anglais, il est conféré avec beaucoup d'économie.

A sa création, il se composait d'une seule classe de membres portant tous le titre de chevaliers; mais, en 1815, il fut divisé en trois classes : chevaliers-grands-croix, commandeurs et chevaliers ou *knights companions*.

BANDE (Ordre de la). Voy. ÉCHARPE.

BETHLÉEM (Ordre de).

Cet ordre fut institué en 1549 par le pape Paul III, dans le but d'opposer une vaillante milice aux Turcs. La principale demeure des chevaliers était à Lemnos. Après la reprise de cette île par les mahométans, l'ordre fut aboli.

BOURBON (Ordre de),
ou Ordre de NOTRE-DAME DU CHARDON.

Cet ordre fut institué en France, dans la ville de Moulins, en l'année 1403, le jour de la Purification, par Louis II, duc de Bourbon, surnommé *le Bon*, à l'effet de perpétuer le souvenir du mariage de ce prince avec Anne Dauphine, fille unique de Béraut, comte d'Auvergne.

Il était composé de vingt-six chevaliers qui appartenaient à la noblesse, et devaient avoir donné des preuves de courage ou des marques de valeur.

Cet ordre s'éteignit complétement après une courte durée.

C

CALATRAVA (Ordre de).

Don Sanche III, dit le Grand, roi d'Aragon, conquit sur les Maures la ville de Calatrava, dont il confia la garde aux Templiers. Ces derniers, à la nouvelle qu'une puissante armée venait pour l'assieger, l'abandonnèrent et la remirent entre les mains du roi, qui la promit en toute propriété à quiconque se chargerait de la défendre. Deux moines de l'abbaye de Citeaux, don Raymon de Burever, abbé du monastère de Sainte-Marie de Hystéro, et don Diego Velasquez, acceptèrent ces conditions et promirent d'en soutenir vaillamment le siege, aidés de quelques personnes de distinction. Leur courage ne leur fit pas défaut, et ils repoussèrent l'armée ennemie avec un plein succès. Le roi, satisfait, ratifia la promesse qu'il avait faite et donna la ville à ses défenseurs ; ceux-ci s'y établirent definitivement, et reçurent de don Sanche de nouvelles libéralités, qui furent approuvées plus tard par son petit-fils Alphonse IX.

Ce fut à l'aide de ces possessions que les combattants de Calatrava constituèrent régulièrement un ordre religieux et militaire, dont les statuts furent confirmés, le 26 septembre 1164, par le pape Alexandre III. A la mort de don Raymon, qui avait été élu grand maître, les chevaliers de l'ordre lui donnèrent pour successeur don Garces de Aca. En 1213, la ville d'Alcantara leur fut confiée par Alphonse IX; ils la défendirent contre les Maures jusqu'en 1217, et la remirent aux chevaliers de Saint-Julien du Poirier. En reconnaissance, ces derniers s'unirent à l'ordre de Calatrava, qui s'adjoignit, quelques années plus tard, l'ordre d'Avis, à la suite d'une donation des biens de l'ordre, faite par le grand maître Garces de Aca aux chevaliers de l'ordre d'Avis; enfin, en 1221, l'ordre de Montjoie fut incorporé également à l'ordre de Calatrava. Cette association ne dura pas; des dissensions s'élevèrent. En 1385, Jean, roi de Portugal, fut élu grand maître de l'ordre d'Avis par une partie des chevaliers, qui se détachèrent de celui de Calatrava. Ceux d'Alcantara ne tardèrent pas à suivre cet exemple en se nommant un chef, qui reprit le titre de grand maître de l'ordre d'Alcantara; et, bientôt affaibli par ses luttes intestines, la décroissance de l'ordre arriva.

Pour mettre fin à cet état de choses, qui menaçait d'amener la disparition complète de l'ordre, en 1489, le pape Innocent VIII, profitant de la mort du dernier grand maître, en donna l'administration au roi Ferdinand le Catholique, et, peu de temps après, le pape Alexandre VI en adjugea à perpétuité la grande maîtrise à la couronne de Castille.

A la suite de cette mesure, l'ordre entra dans une nouvelle voie de prospérité; et, quoiqu'il ait subi de nouvelles modifications en raison des temps, il est encore considéré aujourd'hui comme l'un des ordres importants d'Espagne.

CALZA (Ordre de la). Voy. CHAUSSE.

CAMAIL (Ordre du). Voy. PORC-ÉPIC.

CASQUE DE FER (Ordre du).

Cet ordre a été institué en Hesse-Cassel, le 18 mars 1814, afin de récompenser les fidèles services rendus à l'État pendant la guerre. Peu de temps après son institution, il cessa d'être conféré.

Les membres de l'ordre étaient divisés en trois classes : grands-croix, commandeurs et chevaliers.

CHAPELET DE NOTRE-DAME (Ordre du).

Cet ordre, peu important, fut institué à Valenciennes, vers 1520, par quelques bourgeois de ce pays, en l'honneur de la très-sainte Vierge et en mémoire du couronnement de Charles-Quint.

Cette institution est complétement disparue, son existence ayant été de très-courte durée.

3

CHARDON (Ordre du).

ou Ordre de SAINT-ANDRÉ.

ou Ordre de la RUE.

Cet ordre fut créé en 1440 par Jacques II, roi d'Écosse. Le nom du Chardon ou de la Rue lui vient des armoiries des anciens Pictes ou Scots. Il cessa d'exister après la mort de Marie Stuart, et ne fut rétabli qu'en 1687, par Jacques II, lors de l'incorporation du royaume d'Écosse à celui d'Angleterre; il ne tarda pas à disparaître de nouveau, mais la reine Anne le reconstitua en 1703, et, vingt ans plus tard, le roi Georges Ier le confirma solennellement et en modifia les statuts.

Cet ordre se compose aujourd'hui d'une seule classe de membres, portant tous le titre de chevaliers.

Il est destiné à récompenser le mérite et les services de la noblesse d'Écosse.

CHARITÉ CHRÉTIENNE (Ordre de la).

Henri III, roi de France, créa cet ordre à Paris, en 1589, dans le but de récompenser les officiers et soldats blessés au service de l'État. A cet effet, il leur donna dans cette ville une maison nommée Maison de la Charité chrétienne.

Cette institution, qui inspira plus tard à Louis XIV la fondation de l'Hôtel des Invalides, ne reçut jamais son entière exécution, par suite des troubles qui agitèrent la France à cette époque.

CHARLES FRÉDERIC (Ordre de). Voy. MÉRITE MILITAIRE.

CHARLES XIII (Ordre de).

Cet ordre a été créé, au commencement de ce siècle, par Charles XIII, roi de Suède, qui lui donna son nom.

Il est destiné à récompenser la vertu et les traits de bienfaisance, et n'est conféré qu'aux sujets suédois qui appartiennent à la franc-maçonnerie ; aussi le considere-t-on comme un grade élevé de cette institution.

CHARLES III (Ordre royal et distingué de).

Cet ordre fut créé en Espagne, le 19 septembre 1771, par le roi Charles III, à l'occasion de la naissance de l'infant Charles-Clément. Il le voua au mystère de la Conception immaculée de la très-sainte Vierge, s'en déclara grand maitre, et attacha à perpétuité cette dignité à la couronne d'Espagne.

L'ordre est destine à récompenser le mérite et la

vertu ; les statuts en ont été approuvés par le pape
Clément XIV, le 21 février 1772. Le roi Charles IV y
apporta quelques changements le 12 juin 1804. En
1808, il fut suspendu par suite des événements politiques, et ne fut rétabli qu'en 1814. Les statuts ont
été modifiés le 26 juillet 1847.

Il est aujourd'hui divisé en quatre classes de membres : grands-croix, commandeurs effectifs, commandeurs, chevaliers.

CHAUSSE (Ordre de la),
 ou Ordre de la CALZA.

Cet ordre fut créé à Venise, en l'année 737, par le
doge Malamocco ; il était composé de douze seigneurs,
qui prêtaient le serment de diriger toutes leurs actions vers le bien public.

Cette institution ne tarda pas à tomber dans un
profond oubli, après une très-courte durée. Cependant en 1460, l'ordre de la Calza reparut, reconstitué
par des gentilshommes vénitiens qui se choisirent un
chef, et qui, pour marque distinctive, portaient à
l'une des jambes une botte brodée en or et quelquefois enrichie de pierres précieuses. Le but de l'ordre
était d'instruire la jeunesse dans les exercices de l'art
militaire. Il disparut vers la fin du siècle.

CHÊNE (Ordre du).

L'origine de cet ordre est due aux faits suivants :

Dans une bataille livrée aux Maures par Gratius
Ximenès, ce dernier crut voir au-dessus d'un chêne

une croix lumineuse adorée par des anges. A ce signe, il sentit un nouveau courage enflammer son ardeur; et comme il remporta la victoire, il eut la persuasion qu'il la devait à cette vision. Il fonda dans le royaume de Navarre, en l'année 722, l'ordre du Chêne, afin de témoigner publiquement sa reconnaissance à Dieu pour le secours inespéré qu'il avait reçu de lui.

Cette institution tomba bientôt en désuétude et finit par disparaître complétement.

CHEVALIERS DE JÉSUS-CHRIST (Ordre des). Voy. Dobrin.

CHEVALIERS DE LA MÈRE DE DIEU (Ordre des). Voy. Sainte-Marie.

CHEVALIERS DE LA VIERGE DE LA MAISON DES TEUTONS EN JÉRUSALEM (Ordre des). Voy. Teutonique.

CHEVALIERS DE L'ÉPÉE (Ordre des). Voy. Epée de Suède.

CHEVALIERS DE NOTRE-DAME DES ALLEMANDS. Voy. Teutonique.

CHEVALIERS DE NOTRE-DAME DE L'ÉTOILE (Ordre des). Voy. Étoile.

CHEVALIERS DORÉS (Ordre des). Voy. CONSTANTINIEN.

CHEVALIERS-PIE (Ordre des). Voy. ÉPERON D'OR.

CHEVALIERS RÉDEMPTEURS DE MANTOUE (Ordre des). Voy. RÉDEMPTION.

CHIEN ET DU COQ (Ordre du).

Clovis Ier, roi de France, ayant reçu le baptême à Reims, plusieurs seigneurs de la cour imitèrent son exemple, entre autres Lisoye de Montmorency, qui créa à cette occasion l'ordre du Chien, signe symbolique de la fidélité, afin de témoigner publiquement celle qu'il portait au roi ; Clovis autorisa cette institution. Quelque temps après cette première fondation, le même seigneur institua l'ordre du Coq, destiné à récompenser les gentilshommes qui l'avaient accompagné aux États généraux assemblés à Orléans. Ces deux ordres n'en formèrent bientôt plus qu'un, sous le nom d'ordre du Chien et du Coq, qui subsista peu de temps et disparut sans laisser de traces.

CHRIST (Ordre militaire du).

Cet ordre est la continuation de celui du Temple, sur les ruines duquel il a été élevé. En 1317, Denis Ier, roi de Portugal, sollicita du pape Jean XXII la permission de rétablir l'ordre du Temple sous le nom d'ordre du Christ, et de le faire rentrer dans la pos-

session des biens saisis. Jean XXII autorisa ce rétablissement, approuva les statuts qui lui furent soumis, et, en 1319, confirma cette institution, se ré-
servant toutefois, tant pour lui
que pour ses successeurs, le droit
de créer des chevaliers. Cette fa-
culté devint l'origine de la branche pontificale de l'ordre du
Christ, qui se confère encore aujourd'hui dans les Etats romains.

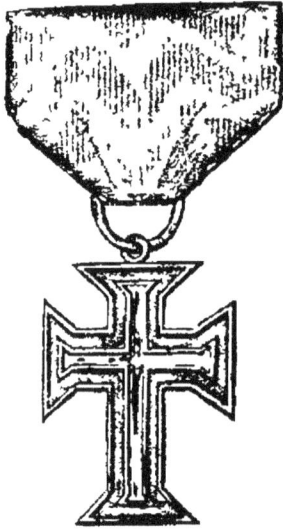

Le chef-lieu de l'ordre, établi
primitivement à Castro-Moréno,
fut transféré plus tard à Thomar;
les chevaliers suivirent la règle
de saint Benoît et se conformèrent en tous points aux
statuts de l'ordre du Temple. Le pape Alexandre V
les délia du vœu de chasteté. L'ordre du Christ, dès
son origine, acquit une grande
célébrité par la conduite de ses
chevaliers ; ceux-ci possédèrent
une puissance considérable et
d'importantes richesses. C'est un
des ordres qui se sont maintenus
jusqu'à nous avec le moins de difficultés ; les changements survenus dans son organisation sont
plutôt dus au progrès du temps,
qui les a rendus indispensa-
bles, qu'aux divisions intestines
des chevaliers, qu'on rencontre si souvent dans

l'histoire de la plupart des ordres religieux et militaires.

En 1550, le pape Jules III réunit la grande maîtrise de l'ordre du Christ à la couronne de Portugal, dont les rois prirent le titre d'administrateurs perpétuels de l'ordre.

Ainsi que les autres ordres portugais, l'ordre du Christ fut établi au Brésil; mais, depuis les changements survenus dans la situation politique de cette contrée, il y est considéré comme un ordre purement civil, et est devenu la récompense des services rendus à l'État par les nationaux ou les étrangers.

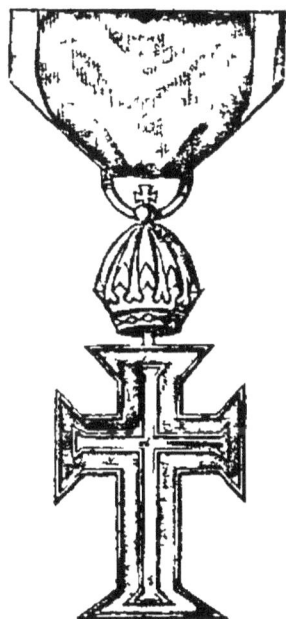

Sécularisé en Portugal depuis 1789, les membres sont aujourd'hui divisés en trois classes : grands-croix, commandeurs et chevaliers. Les membres de l'ordre du Christ délivré en Italie ne forment qu'une seule classe de chevaliers. Chez ces deux nations, il récompense le mérite civil ou militaire.

CHRIST (Ordre du).

Un ordre de ce nom a été institué en Livonie en 1205 par Albert, évêque de Riga, pour dérober les nouveaux convertis aux persécutions des païens. Les chevaliers de cet ordre furent plus tard réunis aux chevaliers teutoniques.

CHYPRE (Ordre de),
  ou Ordre de l'ÉPÉE,
  ou Ordre du SILENCE.

Guy de Lusignan, dans le dessein d'opposer une défense aux attaques des infidèles, créa, l'an 1195, en son royaume de Chypre, une institution militaire à laquelle il donna les noms d'ordre de Chypre, de l'Épée ou du Silence. Les membres étaient nommés par le connétable, portaient le titre de chevaliers et suivaient la règle de saint Basile.

Cet ordre acquit une certaine célébrité tant que la maison de Lusignan régna ; mais, le royaume de Chypre ayant été cédé aux Vénitiens, en 1489, par Catherine Cornaro, veuve de Jacques III de Lusignan, et enlevé aux Vénitiens par les Turcs en 1571, l'ordre disparut complétement.

CINCINNATUS (Ordre de).

Cet ordre a été créé aux États-Unis, le 14 avril 1783, dans le but de récompenser les officiers américains et ceux de la marine française qui avaient participé à la guerre de l'indépendance. A peine fut-il institué qu'on en regretta la création, et on se hâta d'y apporter des modifications qui le mirent plus en harmonie avec la situation politique de cette contrée.

Quoi qu'on fît, il n'acquit jamais une importance réelle, et aujourd'hui il est presque complétement éteint.

CIVIL DE SAVOIE (Ordre).

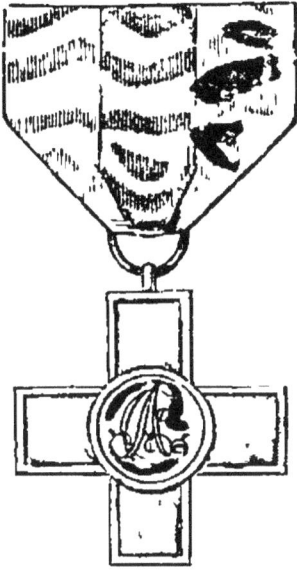

Le roi de Sardaigne Charles-Albert créa cet ordre, le 29 octobre 1831, à l'effet de récompenser les fonctionnaires publics, les hommes de lettres, savants, ingénieurs, architectes, les auteurs de découvertes importantes. Les membres ne forment qu'une seule classe et portent tous le titre de chevaliers.

L'ordre est spécialement destiné aux sujets nationaux.

COLLIER (Ordre du).
ou Ordre du LACS D'AMOUR.

Amédée VI, comte de Savoie, surnommé le Comte Vert, créa cet ordre en l'année 1362. Les historiens s'accordent peu sur le motif de l'institution; les uns prétendent qu'il a été fondé par un caprice d'amour ayant été établi en l'honneur d'une dame qui avait présenté au comte un bracelet tressé avec ses cheveux et des lacs d'amour; d'autres l'attribuent à un sentiment de piété, prétendant que ce fut pour honorer les mystères de Notre-Seigneur Jesus-Christ et de la très-sainte Vierge. Une troisième version affirme que l'ordre du Collier a été fondé dans le dessein de perpétuer la mémoire des glorieuses actions qu'Amédée V accomplit lors du siège de Rhodes par les Turcs, en 1310; quoi qu'il en soit, cet ordre subsista jusqu'en

1518, époque à laquelle Charles III, duc de Savoie, le renouvela sous le nom d'ordre de l'Annonciade.

COLLIER CÉLESTE DU SAINT ROSAIRE (Ordre du).

La reine Anne d'Autriche créa cet ordre en France, en l'année 1645, en faveur de cinquante demoiselles recommandables par leur piété et leurs vertus.

Cette institution ne reçut qu'un faible commencement d'exécution et disparut aussitôt.

COLOMBE (Ordre de la).

Cet ordre fut créé à Ségovie, en l'année 1399, afin d'opposer une milice aux ravages des Maures qui désolaient l'Espagne et d'en délivrer le pays. Peu de temps après son institution, l'ordre disparut sans laisser de traces. Tout porte à croire qu'il ne fut jamais établi régulièrement, n'ayant reçu la sanction d'aucun souverain pontife. Il doit plutôt être considéré comme une branche de quelque ordre religieux et militaire, ou encore comme une association de chevaliers formée dans le but de marcher ensemble à la rencontre des infidèles.

CONCEPTION DE LA BIENHEUREUSE VIERGE MARIE (Ordre militaire de la).

Cet ordre fut créé par Ferdinand Ier de Gonzaga, duc de Mantoue, le 8 septembre 1617. Le 16 février et le 24 mai de l'année 1625, il reçut la confirmation du pape Urbain VIII, qui imposa aux chevaliers la règle de saint François; le nom de la Conception lui a été donné par son fondateur en l'honneur de la conception de la très-sainte Vierge, sous l'invocation de saint Michel. Il avait pour but d'entretenir la paix et l'union chez les chrétiens et de les affranchir du joug des infidèles.

Cet ordre, qui s'illustra dès le commencement de sa fondation, acquit bientôt une grande importance; mais le temps et les événements survenus plus tard le firent tomber dans une complète décadence. Néanmoins, le 13 octobre 1847, un certain Alexandre, se prétendant prince de Gonzaga-Castiglione, et se disant jaloux de rendre à cette institution une partie de sa célébrité, tenta de renouveler l'ordre. Il en refit les statuts, et, de sa propre autorité, s'en nomma chef et grand maître, déclarant le vouloir conférer aux personnes qui se distingueraient par leur mérite, leurs talents et leur dévouement à sa personne; mais, le soi-disant prince ayant été condamné en France, en juillet 1853, pour escroquerie, l'ordre disparut.

CONCORDE (Ordre de la).

Cet ordre fut créé, en 1660, par Chrétien-Ernest, margrave de Brandebourg. On ignore le sort de cette institution, tombée dans un oubli profond et d'une existence éphémère.

CONCORDE (Ordre de la).

Ferdinand V, roi de Castille et de Léon, créa cet

ordre, en 1261, en mémoire de la conquête de Grenade sur les Maures.

Il ne reste aucune trace de cette institution, abolie depuis longtemps.

CONFRÈRES DE SAINTE-MARIE D'ÉVORA
(Ordre des). Voy. Avis.

CONSTANCE (Ordre de la).

On lit dans plusieurs ouvrages traitant des ordres de chevalerie la note suivante ; les faits qu'elle contient n'ont rien d'authentique :

« Dans le courant de l'année 1770, on trouva dans
« les archives du vieux château de Chaource, près
« Bar-sur-Seine, les statuts d'un ancien ordre de che-
« valerie portant le nom d'ordre de la Constance ;
« quelques seigneurs du voisinage tentèrent de le
« faire revivre, mais son rétablissement ne fut jamais
« autorisé. »

CONSTANTINIEN DE SAINT-GEORGES (Ordre impérial, sacré et angélique de),

> ou Ordre des ANGÉLIQUES,
> ou Ordre des CHEVALIERS DORÉS,
> ou MILICE CONSTANTINE DE SAINT-GEORGES,
> ou Ordre des ANGÉLIQUES DORÉS SOUS L'INVOCATION
> DE SAINT GEORGES.

En 312, l'empereur Constantin, étant sur le point de livrer un combat à Maxence, vit au ciel une croix lumineuse entourée de ces mots : *In hoc signo vinces.*

Frappé de cette vision et confiant en l'avertissement, il fit mettre sur le bouclier de ses soldats le monogramme du Christ et les mots qu'il avait lus. Ayant remporté la victoire, il se hâta de témoigner sa reconnaissance pour la protection qu'il avait reçue du ciel, et, à cet effet, fonda, sous le nom de Milice Constantine de Saint-Georges, un ordre de chevalerie dédié à ce saint. L'empereur Isaac-Ange Comnène lui donna des statuts nouveaux en 1190, et imposa aux chevaliers la règle de saint Basile. L'ordre acquit bientôt une grande célébrité et rendit d'importants services à la religion catholique.

La grande maîtrise de cet ordre devint le sujet de vives contestations, qui s'élevèrent entre les cours d'Espagne, de Naples et de Parme, ces deux dernières prétendant la posséder en raison des faits suivants :

La famille des Comnènes possédait comme dignité héréditaire la grande maîtrise de l'ordre Constantinien de Saint-Georges ; son dernier rejeton, Ange-André-Flave Comnène, la céda à perpétuité au duc de Parme, Jean-François Farnèse, le 5 août 1699. Don Carlos, fils de Philippe V, roi d'Espagne, succédant à François Farnèse dans la souveraineté du duché de Parme, prit en cette qualité le titre de grand maître de l'ordre ; mais, quelques années après, ayant échangé la possession de son duché contre le royaume de

Naples, dont les Espagnols désiraient la conquête, il fit transférer à Naples les archives de l'ordre, qu'il renouvela formellement, sous le nom d'ordre Constantinien de Saint-Georges. Plus tard, en 1759, ce prince monta sur le trône d'Espagne, et son troisième fils, Ferdinand, reçut, avec la couronne de Naples, la grande maîtrise de l'ordre.

D'un autre côté, l'infant don Philippe, frère de Charles, la revendiqua en qualité de duc de Parme ; mais ses protestations, pas plus que celles faites ultérieurement par son fils, n'amenèrent aucun résultat, et l'ordre Constantinien demeura définitivement annexé à la couronne de Naples.

Après la conquête de ce royaume par les Français, l'ordre fut transporté en Sicile ; il rentra à Naples en 1814.

Depuis le traité de 1815, les duchés de Parme et de Plaisance ayant été donnés à l'archiduchesse Marie-Louise, ex-impératrice de France, cette princesse se déclara, le 23 août 1816, grande maîtresse de l'ordre Constantinien, se fondant sur sa descendance directe de la maison de Farnèse ; afin de ne pas renouveler les anciennes querelles suscitées par la question de propriété de cette grande maîtrise, il fut décidé que l'ordre serait conféré par les cours de Parme et de Naples. La mort de l'archiduchesse Marie-Louise remit le royaume de Naples en possession unique de cette dignité ; et l'ordre, aujourd'hui conféré par le roi de Naples, est destiné à récompenser les personnes qui se distinguent par leurs vertus, leur mérite, leurs belles actions, ou qui s'illustrent d'une façon quelconque. Les membres se divisent en quatre classes : grands dignitaires, grands-croix, commandeurs et chevaliers.

COQ (Ordre du).

Cet ordre fut institué en 1214 par un dauphin du Viennois à l'occasion d'un grand danger qu'il courut en combattant contre les Anglais. Les chevaliers portaient un écu *d'argent à un coq de sable.*

COQUILLE (Ordre de la). Voy. Saint-Jacques.

COQUILLE DE MER (Ordre de la). Voy. Navire.

COR (Ordre du). Voy. Saint-Hubert.

CORDELIÈRE (Ordre de la),
ou Dames chevalières de la Cordelière.

Cet ordre fut créé, en 1498, par la reine Anne de Bretagne, veuve de Charles VIII, roi de France, en l'honneur des cordes dont N.-S. Jésus-Christ fut lié pendant la Passion et pour la dévotion qu'elle avait à saint François d'Assise dont elle portait le cordon. Il était destiné aux dames de haute noblesse, comme récompense de leur chasteté et de leur vertu. Elles portaient comme marque de distinction un collier fait d'une corde à plusieurs nœuds. Il subsista peu de temps et finit par disparaître complétement.

CORDON JAUNE (Ordre du). Voy. Dévouement.

COSSE DE GENÊT (Ordre de la).

Cet ordre a été créé en France, l'an 1234, par le roi Louis IX, dit saint Louis, en l'honneur de son avénement au trône et afin de perpétuer le souvenir de son mariage avec Marguerite, fille de Raymond Bérenger, comte de Provence. Cet ordre fut honoré pendant le règne de son fondateur ; mais, délaissé après sa mort, il finit par disparaître complétement sous Charles VI.

Son nom vient du collier que portaient les chevaliers, et qui était composé de cosses de genêt entrelacées de fleurs de lis d'or.

COURONNE (Ordre de la).

Cet ordre fut créé en France, pendant l'année 1390, par Enguerrand, comte de Soissons, et Guy de Coucy ; il disparut presque aussitôt après son établissement sans laisser de traces.

COURONNE D'AMOUR (Ordre de la).

Un ordre de ce nom fut créé en Écosse vers l'année 1479 ; on ne possède aucun détail sur cette institution complétement disparue.

COURONNE DE CHÊNE (Ordre de la).

Guillaume II, roi des Pays-Bas, créa cet ordre en décembre 1841, et le destina à récompenser les services civils et militaires spécialement rendus par les sujets luxembourgeois, ainsi que les succès d'artistes distingués, quelle que soit leur nationalité.

Le roi est grand maître, et cette dignité est affé-
rente à la couronne grand-ducale
de Luxembourg. Les membres de
l'ordre sont divisés en quatre
classes : chevaliers de première
classe, ayant titre de grands-croix;
chevaliers de deuxième classe ,
ayant titre de chevaliers de l'é-
toile de l'ordre; chevaliers de troisième classe, ayant titre de commandeurs ; simples chevaliers.

COURONNE DE FER (Ordre de la).

Cet ordre fut créé en Autriche
par Napoléon Ier, empereur des
Français, le 5 juin 1805. Il avait
pour but d'attacher autant que
possible les Italiens et les Autri-
chiens à l'Empire et à la dynastie
napoléonienne, en récompensant
les services civils et militaires, et
les personnes qui se distinguaient
dans les sciences, dans les lettres
ou dans les arts. Les événements
survenus de 1813 à 1815 amenèrent la disparition
temporaire de cet ordre; mais François Ier, empereur
d'Autriche , appréciant les heureux effets de l'institution, déclara, le 12 février 1816, jour anniversaire
de sa naissance, que l'ordre de la Couronne de Fer
ferait désormais partie des ordres de sa maison. Il

lui donna de nouveaux statuts et en annexa à perpé-
mité la grande maîtrise à la souveraineté de l'Autriche. Les membres de l'ordre sont aujourd'hui
divisés en trois classes de chevaliers.

COURONNE DE RUE (Ordre de la).

Cet ordre a été créé, le 20 juillet
de l'année 1807, par Frédéric-Auguste, roi de Saxe, en mémoire de
la protection divine que la Provi-
dence avait accordée à ses États
pendant la durée de la guerre qui
préceda le traité de Tilsitt. Il fut
destiné à récompenser le mérite et
les services rendus au pays. Le roi
de Saxe en est grand maître. Les
membres ne forment qu'une seule classe de chevaliers.

COURONNE DE WURTEMBERG (Ordre de la).

Cet ordre a été créé, le 23 septembre 1818, dans le royaume de
Wurtemberg; il fut destiné à
remplacer l'ordre de l'Aigle d'or
et celui du Mérite civil, et à récompenser les services rendus à
l'État, les actions éclatantes et le
mérite.

Le roi régnant en est le chef
souverain et le grand maître; les
membres sont divisés en trois

lasses : grands-croix, commandeurs et chevaliers.

COURONNE ROYALE (Ordre de la),
 ou Ordre de la FRISE.

Cet ordre fut fondé en France par Charlemagne, mais il n'est resté aucune trace de son institution.

COURONNE ROYALE (Ordre de la).

Cet ordre fut créé, en l'année 771, à Mantoue, par le prince Louis de Gonzaga, fils de Witikind, roi de Saxe, afin de perpétuer le souvenir de son mariage avec la princesse Adalgise de Lombardie, fille de Gisulfe, duc de Frioul.

Les têtes couronnées et les princes de sang royal avaient seuls le droit d'aspirer à cet ordre émérite, qui brilla d'un vif éclat et finit par disparaître complétement.

CROISSANT (Ordre du).

Cet ordre a été créé en Turquie par Sélim III, qui le destina à récompenser les services rendus à la Sublime Porte par les etrangers. Il n'est jamais accordé aux nationaux, et se confère ordinairement aux ministres, aux ambassadeurs des cours étrangères et aux personnes distinguées de leur suite.

CROISSANT (Ordre du).

Cet ordre fut créé à Messine, en 1268, par Charles d'Anjou, frère du roi de France Louis IX, dit saint Louis, en mémoire de la bataille du lac Ficin, où ce prince vainquit et fit prisonniers Conradin, petit-fils de l'empereur Frédéric II, et Frédéric d'Autriche.

Il le conféra aux gentilshommes et princes allemands qui l'avaient secondé dans cette guerre, et à plusieurs autres seigneurs qu'il désirait attacher à sa cause.

Les chevaliers devaient justifier de quatre degrés de noblesse du côté paternel. Cet ordre subsista peu de temps et fut remplacé par celui de l'Étoile.

CROISSANT (Ordre du).

Cet ordre fut créé en France, à Angers, le 11 août 1448, par le roi de Sicile René d'Anjou, dit le Bon, en l'honneur de saint Maurice ; il le plaça sous la protection de la sainte Église.

Les chevaliers devaient faire preuve de noblesse.

Cet ordre s'éteignit avec la maison d'Anjou.

Il a été quelquefois confondu avec l'ordre qui précède par les historiens, en raison de la similitude des noms de l'ordre et du fondateur ; ce sont deux ordres complétement distincts.

CROIX BLANCHE (Ordre de la),
ou Ordre de la FIDÉLITÉ.

Cet ordre a été créé, en 1814, par Ferdinand III, grand-duc de Toscane. Il le destina à récompenser les services militaires et les actions d'éclat.

CROIX DE BOURGOGNE (Ordre de la),
ou Ordre de TUNIS.

Cet ordre fut créé, en 1535, le jour de la Madeleine, par l'empereur Charles-Quint, dans le but de récompenser les officiers de son armée de la valeur qu'ils avaient montrée lors de la bataille livrée pour le rétablissement de Muley-Hassan sur le trône de Tunis. et afin de perpétuer le souvenir de cet événement mémorable.

L'ordre de Tunis disparut complétement après une courte durée.

CROIX DE FER (Ordre civil et militaire de la).

Cet ordre a été créé en Prusse, le 10 mars 1813, par le roi Frédéric-Guillaume III. Il fut destiné à récompenser les personnes qui se distingueraient par des actions éclatantes, par leur courage, ou, dans

Croix de l'ordre militaire.   Croix de l'ordre civil.

l'administration civile, par des actes méritoires ou des services rendus à l'État.

Les statuts ont été révisés, le 3 août 1841, par le roi Frédéric-Guillaume IV ; par suite des modifications qui lui furent apportées à cette époque, l'ordre est aujourd'hui divisé en trois classes de chevaliers.

CROIX DE JÉSUS-CHRIST (Ordre de la),
ou Ordre de SAINT-DOMINIQUE ET DE SAINT-PIERRE,
ou Ordre de JÉSUS-CHRIST ET DE SAINT-PIERRE,
ou Ordre des GENDARMES DE JÉSUS-CHRIST,
ou Ordre de la MILICE DE SAINT-DOMINIQUE,
ou Ordre de la MILICE DE JÉSUS-CHRIST.

Saint Dominique forma, en 1206, lors de la croisade contre les Albigeois, une troupe d'hommes armés qui prit le nom de Milice de saint Dominique, et qui se dévoua à la recouvrance des droits ecclésiastiques usurpés par les laïques. Les chevaliers faisaient vœu de protéger la religion et d'employer leurs armes à la destruction de l'hérésie. Cette institution prit une extension considérable et rendit des services signalés à la religion chrétienne, ce qui lui valut la complète approbation de plusieurs souverains pontifes, entre autres celles des papes Innocent III, en 1206; Clément IV, en 1268: Grégoire X, en 1272; Adrien V, en 1280; Clément VII, en 1523; approbations qui furent accompagnées de nombreux et importants priviléges.

Les historiens, en s'accordant sur l'importance de cette fondation célèbre, qui s'est perpétuée pendant sept siècles, la désignent sous différents noms; le plus usité est celui d'ordre de Jésus-Christ, qui fut changé en celui d'ordre de la Croix de Jésus par suite des circonstances suivantes :

Le pape Pie V ayant institué, en 1568, dans la ville de Rome, la Congrégation de saint Pierre, martyr, composée de cardinaux, d'inquisiteurs généraux et d'officiers du saint-office, les chevaliers de Jésus-Christ se joignirent aux membres de cette congrégation et ne formèrent bientôt plus qu'une seule et même association, qui prit le titre d'ordre de la Croix de Jésus-Christ.

Le 17 mai 1815, Ferdinand VII, roi d'Espagne, ordonna que les ministres du saint-office porteraient toujours et ostensiblement les insignes de l'ordre.

CROIX D'HONNEUR DE GUATÉMALA (Ordre de la).

Cet ordre a été fondé en 1858, afin de récompenser les services militaires dans l'État de Guatémala. Les membres de l'ordre sont divisés en deux classes : chevaliers et commandeurs.

Il est conféré par le président de Guatémala.

CROIX DU SUD (Ordre de la), ou Ordre du CRUZEIRO.

Cet ordre a été créé au Brésil, le 1er décembre 1822, par l'empereur dom Pedro ; il est destiné à récompenser le mérite, les belles actions et les services rendus à l'État.

L'empereur régnant est grand maître de cet ordre, dont les membres sont divisés en quatre classes : grands-croix, dignitaires, officiers et chevaliers.

CROIX ÉTOILÉE (Ordre de la). Voy. NOBLE CROIX.

CRUZEIRO (Ordre du). Voy. CROIX DU SUD.

CYGNE (Ordre du).

En 1443, fut fondé en Prusse un ordre qu'on appela ordre du Cygne, et, quoiqu'il eût cessé d'exister

depuis longtemps, il ne fut néanmoins jamais aboli officiellement; c'est pourquoi, le 24 décembre 1843, le roi de Prusse Frédéric-Guillaume IV renouvela les statuts de cet ordre, qui n'est conféré qu'aux personnes prenant l'engagement de secourir les malades, soulager les pauvres, panser les blessés, consoler les gens en proie aux remords, condamnés par les tribunaux.

Le roi et la reine de Prusse sont grands maîtres de l'ordre, qui n'est composé que d'une seule classe de membres.

CYGNE (Ordre du).

L'origine de cet ordre, qui remonte à une époque fort reculée, est due aux circonstances suivantes :

Thierry, duc de Clèves, qui mourut vers l'an 711, laissa la possession de ses biens considérables à sa fille unique, Béatrix; cette princesse ne tarda pas à se trouver en butte aux persécutions des seigneurs voisins, qui convoitaient ses richesses. Ne pouvant soutenir une lutte inégale, elle se retira au château de Neubourg ; mais cette détermination, loin de décourager ses persécuteurs, engagea ces derniers à la poursuivre jusqu'au lieu de sa retraite.

Béatrix, afin de mettre un terme à ces attaques, implora le secours d'un gentilhomme du nom d'Hélie, qui la délivra de ses ennemis en les repoussant victorieusement.

Peu de temps après, ce gentilhomme épousa Béatrix, qui lui avait offert sa main en récompense du service qu'il lui avait rendu ; et, afin de perpétuer le souvenir de cet heureux événement, il fonda un ordre de chevalerie dans le duché de Clèves, dont il était devenu souverain, et lui donna le nom d'ordre du Cygne, nom tiré de ses armes, dans lesquelles entrait un cygne.

Les chevaliers prononçaient le vœu de défendre la religion et d'empêcher les provocations en duel. Ils portaient un cygne d'or suspendu à une croix de même métal.

Cet ordre a complétement disparu, après une courte durée.

D

DAMES CHEVALIÈRES DE LA CROIX DU REDEMPTEUR (Ordre des). Voy. NOBLE CROIX.

DAMES DE L'ÉCHARPE (Ordre des).

Jean Ier, roi de Castille, créa cet ordre dans ses États, en 1380, afin de perpétuer le souvenir du courage des dames de Placencia, qui s'était manifesté d'une façon éclatante lors du siége de cette ville, leur intervention dans la lutte ayant puissamment aidé les hommes de guerre à repousser les assiégeants, qui menaçaient de s'emparer de la place.

Les Dames de l'Écharpe portaient le titre de chevalières, et entre autres priviléges avaient celui de mettre une écharpe d'or sur leurs vêtements. L'ordre fut plus tard réuni à celui de la Bande.

DAMES DE LA HACHE (Ordre des).

Cet ordre fut créé, en 1149, par Raymond Bérenger, comte de Barcelone, en l'honneur des femmes de Tortose, qui avaient sauvé la ville en s'unissant aux troupes chargées de sa défense, et en repoussant les Maures, qui se hâtèrent de lever le siége et de s'enfuir honteusement. Il est depuis longtemps tombé dans un profond oubli.

DAMES ESCLAVES DE LA VERTU (Ordre des).

L'impératrice Éléonore de Gonzaga-Clèves, épouse de Ferdinand III, empereur d'Allemagne, créa cet ordre, en 1662, dans le louable dessein de faire régner la piété et la vertu parmi les dames de sa cour, auxquelles elle le destina. Lors de la création de l'ordre de la Noble Croix, en 1668, sa fondatrice y joignit celui des Dames Esclaves de la Vertu.

DAMES CHEVALIÈRES DE LA VRAIE CROIX (Ordre des). Voy. NOBLE CROIX.

DAMES RÉUNIES POUR ADORER LA CROIX (Ordre des). Voy. NOBLE CROIX.

DANEBROG (Ordre de).

Cet ordre doit son origine aux faits suivants :

Au milieu d'une bataille livrée aux Livoniens par Waldémar II, roi de Danemark, les troupes de ce dernier commençaient à plier, lorsque tout à coup le bruit se répandit dans l'armée qu'un drapeau était tombé du ciel au milieu des hommes d'armes. A cette nouvelle, le courage de ces derniers se ranime; ils combattent avec une invincible ardeur et une force inconnue, et restent maîtres du champ de bataille.

Le drapeau miraculeux, sur lequel était représentée une croix blanche, fut nommé *Danebrog* et porté pompeusement en triomphe. Waldémar, afin de remercier le ciel du secours inespéré qu'il en avait reçu, résolut de fonder un ordre de chevalerie pour en éterniser le souvenir, et, à cet effet, il créa, en 1219, cet ordre, auquel il donna le nom de Danebrog.

Vers l'an 1500, le drapeau de Danebrog ayant été perdu par suite des troubles survenus en Danemark, l'ordre décrut considérablement et bientôt s'éteignit. Le roi Christian V, jaloux de rendre à cette antique institution son ancienne splendeur et d'honorer la mémoire du drapeau miraculeux, renouvela solennellement l'ordre de Danebrog, le 12 octobre 1671, changea entièrement son organisation et lui donna de nouveaux statuts. Une seconde modification y fut apportée en 1812. Il est aujourd'hui destiné à récompenser le mérite civil et militaire, les actes de dévouement au roi et à l'État, les progrès dans les arts, les lettres et les sciences, et se confère quels que soient l'âge ou le rang des candidats.

Les membres sont divisés en cinq classes : grands commandeurs, grands-croix, commandeurs, chevaliers et hommes de Danebrog.

DEUX-SICILES (Ordre des).

Cet ordre a été créé, le 24 février 1808, par le roi Joseph Napoléon, qui le destina à récompenser les services rendus à l'État et les personnes qui avaient contribué à la conquête du pays. Il le divisa en trois classes de membres : dignitaires, commandeurs et chevaliers. Le roi Joachim Murat, à son avénement au trône de Naples, le conserva, sauf quelques légères modifications qu'il apporta aux statuts. Le roi Ferdinand IV étant rentré dans ses États, en 1815, des considérations politiques l'engagèrent à ne pas abolir l'ordre des Deux-Siciles, qu'un décret du 4 juin de la même année confirma en en réglant la nouvelle organisation.

En 1819, il cessa cependant d'exister et fut remplacé par l'ordre de Saint-Georges de la Réunion.

DÉVIDOIR (Ordre du). Voy. ARGATA.

DÉVOUEMENT (Ordre du),
ou Ordre d'ALEXANDRE,
ou Ordre du CORDON JAUNE.

Cet ordre a été créé en France, vers 1589, par Charles Gonzaga, duc de Réthel et de Nevers ; les membres, tous chevaliers, s'engageaient à défendre et protéger les veuves et les orphelins et à secourir l'infortune. Le grand maître portait le titre de général. Il brilla d'un vif éclat ; mais, après la mort des ducs de Gonzaga-Guastalla, il décrut sensiblement et disparut. Le 15 mai 1844, un certain Alexandre, se prétendant prince de Gonzaga-Castiglione, « jaloux de rendre aux ordres fondés par ses ancêtres leur ancienne splendeur, » tenta de relever cette institution sous le nom d'ordre d'Alexandre ou du Dévouement ; il s'en déclara grand maître de son autorité privée, et partagea les membres de l'ordre en quatre classes : grands-croix, grands commandeurs, commandeurs et chevaliers.

Le prétendu prince de Gonzaga ayant été condamné en France, en juillet 1853, l'ordre rentra dans l'oubli.

DOBRIN (Ordre de),
   ou Ordres des CHEVALIERS DE JÉSUS-CHRIST.

Conrad, duc de Cujavie, afin de défendre ses États contre les Prussiens, forma en Pologne, en 1230, une milice militaire dont les membres prirent le titre de chevaliers de Jésus-Christ, qu'ils échangèrent plus tard contre celui de chevaliers de Dobrin, nom d'un fort que le duc Conrad fit construire à leur intention et dont ils prirent possession.

L'établissement de cet ordre ne donnant pas au duc Conrad le secours qu'il se promettait d'en tirer, il fut obligé de solliciter l'appui des chevaliers de l'ordre Teutonique, dans lequel se fondit l'ordre de Dobrin.

DOGE (Ordre du),
   ou Ordre du PRINCE DE VENISE.

On ne connaît ni la date de la fondation, ni le sort de cet ordre, qui ne dura qu'un moment à Venise et disparut complétement sans laisser aucune trace.

DRAGON RENVERSÉ (Ordre du).

Le besoin de défendre la religion catholique contre les attaques des hérétiques, notamment contre les doctrines de Jean Huss et de son disciple Guillaume de Prague, et la nécessité d'opposer une défense aux ravages que commettaient les ennemis de l'empire d'Allemagne, inspirèrent à l'empereur Sigismond la pensée de créer, en 1418, un ordre militaire, auquel il donna le nom d'ordre du Dragon renversé. Alphonse V, roi d'Aragon, considérant les services rendus par cette institution, l'établit dans son royaume, afin d'y maintenir la religion catholique contre les oppressions des infidèles. Après la mort de ses fondateurs, l'ordre décrut sensiblement et ne tarda pas à disparaître complétement.

E

ÉCAILLE (Ordre de l').

Don Juan II, roi de Castille, créa, en 1418, une milice qui prit le nom d'ordre de l'Écaille, et qui, semblable à la plupart de celles établies en ces temps, avait pour mission de protéger la religion catholique contre les attaques des Maures.

Peu de temps après sa fondation, cette institution disparut.

ÉCHARPE (Ordre de l'),
 ou Ordre de la BANDE.

Cet ordre fut créé, en 1330, par Alphonse XI, roi de Léon et de Castille, dans le but de donner aux seigneurs de sa cour des marques de sa munificence et de les engager à soutenir la religion catholique en butte aux attaques des Maures. Il ne fut conféré qu'aux gentilshommes appartenant aux plus illustres familles d'Espagne, et disparut après s'être acquis une certaine célébrité.

ÉCU D'OR (Ordre de l').

Cet ordre fut créé en France, le 1er janvier 1369, par

Louis II, dit le Bon, duc de Bourbon, dans le but de récompenser les principaux gentilshommes de sa cour de l'affection et du dévouement qu'ils lui portaient.

Il fut réuni, quelque temps après sa fondation, à l'ordre de Notre-Dame de Chardon.

ÉLÉPHANT (Ordre de l').

Cet ordre tient le premier rang parmi les ordres du Danemark. Il fut créé par le roi Christian ou Christiern Ier, en 1478, à l'occasion du mariage de son fils Jean. Il plaça cette institution sous la divine protection de la très-sainte Vierge. Le temps a respecté l'ordre de l'Éléphant, qui s'est continué jusqu'à nos jours, sinon avec son ancienne organisation, du moins avec toute la splendeur qu'il acquit aussitôt sa fondation. En 1693, Christian V le constitua sous sa forme actuelle. Les membres doivent professer la religion de Luther et avoir été, au moins, pendant huit jours, chevaliers de Danebrog.

Le roi de Danemark en est grand maître et le confère selon sa volonté.

Quelques nouvelles modifications ont été apportées aux statuts, le 28 juin 1808.

ÉLISABETH (Ordre d').

Cet ordre fut créé, en 1766, par l'électrice de Bavière Elisabeth-Auguste, en faveur des dames de la cour. Il imposait l'obligation de secourir les pauvres et les malheureux. Les chevalières devaient justifier de seize quartiers de noblesse et professer la religion catholique. Outre les princesses de la maison régnante et autres princesses des maisons souveraines, l'ordre était conféré à toutes les dames du palais et à six autres dames nobles. Il est aujourd'hui composé de douze dames de la maison royale de Bavière et de trente-deux dames catholiques, et justifiant de seize quartiers de noblesse.

ÉLISABETH - THÉRÈSE (Ordre d'),

OU FONDATION THÉRÉSIENNE MILITAIRE D'ÉLISABETH.

Cet ordre a été créé en Autriche, l'an 1750, en faveur de vingt officiers, par Élisabeth-Christine, veuve de l'empereur Charles VI. Ces vingt membres devaient avoir servi leur pays fidèlement pendant trente ans et être au moins colonels. Les nominations sont aujourd'hui faites sans avoir égard à la patrie, à la religion ou à la naissance des candidats, qui sont proposés par le conseil aulique de guerre. Suivant les modifications apportées aux statuts par Marie-Thérèse, le 16 novembre 1771, le nombre des membres de l'ordre fut fixé à vingt et un.

ENTREPRISE (Ordre de l'). Voy. Lac.

ÉPÉE (Ordre de l'). Voy. Chypre.

ÉPÉE DE SUÈDE (Ordre de l'),
   ou Ordre des Chevaliers de l'Épée.

Gustave Ier, roi de Suède, voyant avec peine les progrès que la religion de Luther commençait à faire dans ses États, créa cet ordre dans le but d'affermir la croyance catholique. Il s'éteignit insensiblement et fut renouvelé solennellement, le 17 avril 1748, par le roi Frédéric, qui en divisa les membres en trois classes de chevaliers. Gustave III modifia les statuts et y ajouta deux classes de membres en 1772. Aujourd'hui l'ordre de l'Épée de Suède, qui est devenu un ordre destiné à récompenser le mérite, est divisé en cinq classes de membres, désignés sous les noms de commandeurs-grands-croix, commandeurs-chevaliers, grands-croix de première classe, chevaliers-grands-croix de deuxième classe, chevaliers.

ÉPERON DE NAPLES (Ordre de l').

Le pape Urbain IV, ayant appelé à lui Charles d'Anjou, frère du roi de France Louis IX, dit saint Louis, afin de le délivrer de la tyrannie de Mainfroi, bâtard de Frédéric II, qui s'était emparé des deux couronnes de Naples et de Sicile, donna l'investiture de ces souverainetés à Charles, qui avait victorieusement battu Mainfroi.

Afin de perpétuer le souvenir de la bataille qu'il avait gagnée sur Mainfroi et de récompenser la noblesse qui l'avait accompagné, Charles d'Anjou, devenu roi de Naples et de Sicile, créa un ordre de chevalerie en 1268, auquel il donna le nom d'ordre de l'Éperon de Naples.

La maison d'Anjou ayant été dépossédée de ses États, en 1435, par Alphonse, roi d'Aragon, l'ordre disparut.

ÉPERON D'OR (Ordre de l'),
    ou Ordre des CHEVALIERS DORÉS,
    ou Ordre des CHEVALIERS-PIE,
    ou Ordre de la MILICE DORÉE.

Cet ordre a été créé dans les États romains, en mars 1559, par le pape Pie IV, sous le nom d'ordre de la Milice Dorée, dans le but de récompenser les personnes qui se distinguaient dans les sciences, les arts et les armes. Les membres portaient le titre de Chevaliers-Pie, du nom du fondateur de l'ordre; plus tard, il prit la dénomination de l'Éperon d'Or, et se conserva pendant des siècles avec la pureté de son institution primitive.

Il fut successivement confirmé par les papes qui suivirent Pie IV, et notamment par Grégoire XIII, en 1572; Sixte V, en 1585; Benoît XIV, en 1740; mais le temps l'altéra, et plusieurs familles princières de Rome, des dignitaires de l'État, nonces, légats, s'étant arrogé le privilège d'en conférer les insignes, il fut accordé sans réserve ni ménagement, et perdit la considération dont il avait si longtemps été entouré, ce qui engagea le pape Grégoire XVI à le remplacer, le 31 octobre 1841, par l'ordre de Saint-Sylvestre, ou de l'Éperon d'Or réformé.

ÉPI (Ordre de l').

Cet ordre a été créé, en 1448, par François Ier, dit le Bien-Aimé, duc de Bretagne. Il est le renouvellement de l'ordre de l'Hermine, institué par Jean V, en 1381. Les membres se composaient de vingt-cinq chevaliers, qui suivaient la règle de saint Augustin et s'engageaient à combattre pour la foi et la défense de la religion catholique.

Charles VIII, roi de France, abolit cet ordre lors de la réunion du duché de Bretagne à son royaume.

ESPAGNE (Ordre royal d').

Cet ordre a été créé, en 1809, par Joseph-Napoléon, dans le dessein d'attacher à sa cause les Espagnols, et de récompenser ceux d'entre eux qui avaient embrassé son parti. L'organisation était à la fois civile et militaire, et les membres se divisaient en trois classes. Lors du rétablissement de Ferdinand VII sur le trône d'Espagne, ce prince abolit l'ordre.

ÉTOILE (Ordre de l'),
  ou Ordre des CHEVALIERS DE NOTRE-DAME DE L'ÉTOILE.

Quelques historiens prétendent que cet ordre a été créé, en 1022, par Robert II, roi de France, qui s'en déclara grand maître; d'autres, et c'est la version la plus accréditée, pensent au contraire que ce fut le comte souverain Landi de Nevers qui l'institua, le 8 septembre de l'année 1022, et le conféra à trente chevaliers; ceux-ci s'engageaient à défendre la religion catholique, à protéger les veuves et les orphelins, et à dire chaque jour le chapelet de cinq dizaines.

  Par suite des troubles qui agitèrent le royaume de France, l'ordre de l'Étoile décrut sensiblement; mais en 1565, le prince Louis de Gonzague, duc souverain du Mantouan et du Montferrat, étant devenu, par suite de son mariage avec la princesse Henriette de Clèves, petite-fille de François Ier de Clèves, duc de Nevers et de Réthel, remit ses statuts en vigueur, et lui donna une nouvelle existence, qui s'éteignit par suite des événements postérieurs. Il est aujourd'hui complétement disparu.

ÉTOILE (Ordre de l'),
  ou Ordre de NOTRE-DAME DE LA NOBLE MAISON.
Jean II, roi de France, créa cet ordre en 1351.

Quelques historiens prétendent à tort qu'il remplaça l'ordre de l'Étoile, fondé, selon eux, par Robert II; d'autres le confondent avec lui; cependant il en est parfaitement distinct.

Le roi de France était grand maître de l'ordre de l'Étoile, qui fut d'abord conféré à dix-huit des principaux seigneurs de la cour. Il avait été fondé sous le nom d'ordre de Notre-Dame de la Noble Maison, par le roi Jean, qui avait conçu la pensée de s'attacher de cette façon les hauts barons et les membres de sa noblesse; mais il le prodigua avec tant de profusion, qu'il lui fit perdre bientôt toute sa valeur. Le roi Charles VIII supprima l'ordre de l'Étoile à son avénement au trône de France.

ÉTOILE (Ordre de l').

Alphonse V, roi d'Aragon, créa dans ses États un ordre de ce nom, qui disparut presque aussitôt que fondé, sans laisser nulle trace.

ÉTOILE (Ordre de l').

Cet ordre fut créé en Sicile, en remplacement de celui du Croissant. On le conféra à soixante gentils-hommes de la ville de Messine, et bientôt après il tomba dans l'oubli.

ÉTOILE NOTRE-DAME (Ordre de l').

Un aventurier du nom d'Amaba et prenant le titre de roi d'Eiszinie, qui avait été donné en otage au roi de France Louis XIV, créa cet ordre, qui n'eut aucune suite et fut considéré comme une mystification.

ÉTOILE POLAIRE (Ordre de l').

On connaît peu l'origine de cet ordre, dont les statuts ont été renouvelés, le 17 avril 1748, par Frédéric Ier, roi de Suède, qui le destina à récompenser le mérite civil et les services rendus à l'État. Il en divisa les membres en deux classes : commandeurs et chevaliers.

Le roi Gustave III le confirma de nouveau en 1783, et s'en déclara grand maître aux termes des statuts.

ÉTOILE ROUGE (Ordre de l').

Un ordre de ce nom fut créé en Bohême en 1217, et confirmé, en 1697, par Léopold. On ignore le sort de cette institution, aujourd'hui disparue.

ÉTOILE D'OR (Ordre de l').

Cet ordre fut fondé par la République de Venise, on ne sait trop à quelle époque, dans le but de récompenser les nobles Vénitiens qui avaient rempli une mission d'ambassadeur auprès des souverains étrangers. Quelquefois, cependant, et par dérogation aux statuts, il était accordé pour des services importants rendus à la République. Il est tombé dans un profond oubli et a disparu depuis des siècles.

ÉVENTAIL (Ordre de l'). Voy. LOUISE D'ULRIQUE.

F

FAUCON BLANC (Ordre du),

ou Ordre de la VIGILANCE.

Cet ordre a été créé en Saxe-Weimar, le 2 août 1732, par le prince Ernest-Auguste de Saxe, avec l'autorisation de Charles VI, empereur d'Autriche, dans le dessein de récompenser les personnes qui se distingueraient par leur fidélité, leurs talents ou leur aptitude à remplir les fonctions publiques. Il cessa d'être conféré de 1795 à 1815; mais, lors du congrès de Vienne, les ducs de Saxe-Weimar ayant reçu un accroissement de territoire, le grand-duc Charles-Auguste renouvela cet ordre le 18 octobre 1815, et le destina à récompenser les vertus, le mérite civil et le mérite militaire.

Quelques modifications furent apportées aux statuts, le 16 février 1840, par le grand-duc Charles-Frédéric.

Le grand-duc régnant est grand-maître; les membres sont divisés en cinq classes : grands-croix, commandeurs de première classe, commandeurs de deuxième classe, chevaliers de deuxième et troisième classe.

FER D'OR ET DU FER D'ARGENT (Ordre du).

Cet ordre fut créé, en 1411, par Jean, duc de Bourbon, qui se proposait de gagner par cette fondation de la gloire et les bonnes grâces d'une dame qu'il aimait. Le but de ceux qui entrèrent dans l'ordre était aussi de se rendre plus recommandables à leurs maîtresses. Les chevaliers devaient porter à la jambe gauche un fer d'or pendant à une chaîne, et les écuyers en portaient un semblable en argent.

Le dessein du duc de Bourbon était d'aller en Angleterre, accompagné de ses chevaliers, pour s'y battre en l'honneur des dames, armés de haches, de lances, d'épées, de poignards, ou même de bâtons, au choix des adversaires.

Un article des statuts porte qu'afin de n'être jamais oisifs, les chevaliers devaient s'engager par serment à se signaler dans les armes et à se vouer au service des dames ; en conséquence, ils devaient s'armer, se défendre, s'aider et se battre à outrance pour l'amour des dames contre gens nobles provoqués à cet effet, et *même dans le cas où ils ne trouveraient pas d'adversaires, se battre entre eux.*

Ils devaient, en outre, faire peindre leurs armes dans la chapelle de Notre-Dame de Grâce, où ils prirent leur engagement, et convinrent d'y mettre un fer d'or en forme de chandelier, pour y placer un cierge allumé qui brûlerait continuellement jusqu'au jour du combat.

Tous les jours on devait dire une messe en l'honneur de la Vierge, et si les chevaliers revenaient victorieux, chacun d'eux devait fonder une messe et un cierge à perpétuité. Mais si quelqu'un était tué, ses confrères lui faisaient dire un service et dix-sept messes, auxquelles ils assistaient en habits de deuil.

Cette bizarre institution n'eut pas de durée, la mort de son chef, Jean de Bourbon, la fit s'éteindre en 1434.

FIDÉLITÉ (Ordre de la).

Cet ordre a été créé, le 17 juin 1715, par Charles Guillaume, margrave de Bade-Dourlack, lors de la pose de la première pierre du château de Carlsruhe. Il a été confirmé, le 8 mai 1803, par Charles-Frédéric.

Les membres étaient divisés en grands-croix et commandeurs. Depuis une nouvelle modification apportée à ses statuts, le 17 juin 1840, l'ordre est aujourd'hui composé d'une seule classe de chevaliers, qui ne peuvent être que des souverains étrangers, des membres des maisons régnantes, des princes ou des sujets du grand-duc portant le titre d'excellence et déjà grands-croix de l'ordre du Lion de **Zahringen**.

FIDÉLITÉ (Ordre de la),
   ou Ordre de l'UNION PARFAITE.

Cet ordre a été créé, le 7 août 1732, afin de perpétuer le souvenir du mariage de son fondateur, Christian VI, roi de Danemark, avec Sophie-Madeleine.

Il était accordé aux personnes des deux sexes qui
se distinguaient par leurs vertus, leurs belles actions
ou leur mérite, et s'éteignit à la mort de la reine,
survenue en 1770.

FIDÉLITÉ (Ordre de la). Voy. CROIX BLANCHE.

FIDÉLITÉ (Ordre de la). Voy. SAINT-HUBERT DE
LORRAINE et du BARROIS.

FLORIDA (Ordre de). Voy. GRIFFON.

FOI DE JÉSUS-CHRIST (Ordre de la). Voy. JÉSUS-
CHRIST.

FOI ET DE LA PAIX (Ordre de la).

Cet ordre fut créé en 1229 sur le modèle de l'ordre
du Temple par Guillaume Ier, prince de Béarn. Il disparut peu de temps après sa fondation.

**FONDATION THÉRÉSIENNE MILITAIRE D'É-
LISABETH.** Voy. ÉLISABETH-THÉRÈSE.

FORTUNE (Ordre de la).

Cet ordre fut créé en Palestine, vers l'an 1190, par
différents chefs de croisés réunis. Les chevaliers de
l'ordre avaient la garde de la croix servant d'etendard

à l'armée des croisés et l'accompagnaient un flambeau à la main.

Cet ordre s'éteignit avec les croisades.

FOUS (Ordre des).

Cet ordre a été créé par Adolphe, comte de Clèves, en l'année 1380, dans le dessein de donner l'exemple de l'amitié et de la bienfaisance, réunies par le plaisir.

Il fut conféré à trente-cinq chevaliers, et ne tarda pas à disparaître complétement, n'ayant jamais eu une existence sérieuse.

FRANCE (Ordre national de).

Projeté en France, au milieu de la tourmente révolutionnaire de 1789, par l'un des comités de l'Assemblée constituante ; cet ordre ne fut jamais mis à exécution.

FRANÇOIS-JOSEPH (Ordre de).

Cet ordre a été fondé en Autriche, le 2 décembre 1849 par l'empereur François-Joseph Ier afin d'honorer par une manifestation publique les services éminents dans toutes les conditions, et d'exciter toutes les classes des citoyens à des actes utiles à la prospérité de la patrie.

Des actions méritoires sans acception de naissance, religion, ni rang, donnent droit à l'admission dans l'ordre, qui est divisé en trois classes de membres : grands-croix, commandeurs et chevaliers. La grande maîtrise appartient à la couronne impériale. Les étrangers peuvent y être admis.

FRANÇOIS Ier (Ordre de).

Cet ordre fut créé, le 28 septembre 1829, par François Ier, roi des Deux-Siciles, dans le but de récom-

penser le mérite civil, les personnes qui se sont distinguées dans les arts, les lettres, les sciences, l'industrie, l'agriculture et le commerce. Il peut être conféré aux soldats pour des services civils.

Le roi régnant est chef souverain et grand maître de l'ordre, dont les membres sont divisés en trois classes : grands-croix, commandeurs et chevaliers.

FRÉDÉRIC (Ordre de).

Cet ordre a été créé, le 1er janvier 1830, par Guillaume Ier, roi de Wurtemberg, à l'occasion du jour anniversaire de l'acceptation de la couronne royale par son père Frédéric, et afin de perpétuer le souvenir de ce prince, en honorant, par cette fondation les services qu'il rendit au royaume de Wurtemberg.

Les membres ne forment qu'une seule classe de chevaliers.

FRÈRES DE LA JUBILATION (Ordre des). Voy. Sainte-Marie.

FRÈRES DE LA MILICE DE SAINT-DOMINIQUE (Ordre des). Voy. Croix de Jésus-Christ.

FRÈRES DE NOTRE-DAME (Ordre des). Voyez Montesa.

FRÈRES HOSPITALIERS DE BURGOS (Ordre des).

Cet ordre a été créé, en 1214, par Alphonse IX, roi de Castille. Les chevaliers s'engageaient à soigner et à secourir les pèlerins qui se rendaient à Saint-Jacques et à Notre-Dame de Galice.

Après une existence assez longue, cet ordre s'éteignit.

FRISE (Ordre de la). Voy. Couronne royale.

G

GENDARMES DE JÉSUS-CHRIST (Ordre des). Voy. Croix de Jésus-Christ.

GÉNÉROSITÉ (Ordre de la).

Cet ordre a été créé, en 1665, par le prince Charles-Émile de Brandebourg. Il en conféra la grande maîtrise à son frère l'électeur Frédéric, qui, devenu roi de Prusse sous le nom de Frédéric II, remplaça, en 1740, l'ordre de la Générosité par celui du Mérite militaire.

GENETTE (Ordre de la).

A la suite de la bataille de Tours, gagnée en 732 par Charles-Martel, père de Pépin le Bref, roi de France, sur Abdérame, roi des Sarrasins, on trouva parmi les dépouilles de ces derniers une grande quantité de riches fourrures de genettes, et bon nombre de ces animaux vivants. Pour célébrer l'heureuse issue de cette bataille, Charles-Martel fonda, la même année, un ordre de chevalerie auquel il donna le nom d'ordre de la Genette, en mémoire de ce fait, et le conféra à seize des principaux chevaliers de la cour de France, qui s'engagèrent à exposer leur vie pour la défense de la religion et de l'État.

Cet ordre, qui ne reçut l'approbation d'aucun souverain pontife, acquit néanmoins une grande réputation en France et fut fort honoré sous le règne des rois de la seconde race. Il n'a cessé d'exister que sous Louis IX, dit saint Louis.

GRANDE CHASSE (Ordre de la). Voy. AIGLE D'OR.

GRIFFON (Ordre du),
ou Ordre de FLORMA.

Alphonse Ier, roi de Naples, institua un ordre de ce nom dans ses États, en 1489. On ignore le sort de cette institution, tombée depuis des siècles dans un profond oubli.

GUELFES (Ordre des).

Le prince régent d'Angleterre, Georges III, créa cet ordre en Hanovre, le 12 août 1815, afin de célébrer l'époque à laquelle ce pays, rentrant sous le gouvernement des Guelfes, fut élevé au rang de royaume et admis au nombre des États souverains. Georges choisit cette date du 12 août 1815, parce que c'était le double anniversaire du jour de sa naissance et du jour où le prince électoral Georges-Louis était monté sur le trône, cent et un ans auparavant (1714).

L'ordre des Guelfes est destiné à récompenser les services civils et militaires rendus au roi ou à l'État. Les statuts en ont été modifiés le 20 mai 1841 et le 1er octobre 1849.

La grande maîtrise est adhérente à la couronne; les membres sont divisés en quatre classes : grands-croix, commandeurs de première et de deuxième classes, chevaliers, membres de la quatrième classe, et, en outre, une classe de décorés de la médaille, composée de sous-officiers et soldats qui jouissent par ce fait d'une pension de 24 rixdales.

GUILLAUME Ier (Ordre militaire de).

Cet ordre a été fondé par Guillaume Ier, roi des Pays-Bas, le 30 avril 1815, dans le dessein de récompenser les services des militaires appartenant aux armées de terre et de mer, et les actions d'éclat.

La grande maîtrise est adhérente à la couronne des Pays-Bas.

Les membres sont divisés en quatre classes : grands-croix, commandeurs, chevaliers de troisième classe et chevaliers de quatrième classe.

H

HENRI LE LION (Ordre d').

Le duc de Brunswick, Henri le Lion, avait conçu le dessein de fonder un ordre de chevalerie afin de rendre hommage à la mémoire de ses ancêtres; mais il ne put mettre ce projet à exécution: ce fut son petit-fils, le duc Guillaume, qui accomplit cette tâche, le 25 avril 1834, en créant l'ordre auquel il donna le nom d'Henri le Lion, et qu'il destina à récompenser le mérite. Il en divisa les membres en quatre classes : grands-croix, commandeurs de première classe, commandeurs de deuxième classe et chevaliers.

Le duc régnant est grand maître.

HERMINE (Ordre de l').

Cet ordre a été créé en Bretagne, en 1381, par le duc Jean V, dit le Vaillant, en mémoire de la conquête qu'il fit de son duché ; les femmes pouvaient y être admises et portaient le titre de chevaleresses.

L'ordre de l'Hermine, qui dut son nom aux armes du duché de Bretagne, n'obtint l'approbation d'aucun souverain pontife, et disparut après avoir duré fort peu de temps ; il fut remplacé par celui de l'Épi.

HERMINE (Ordre militaire de l').

Ferdinand d'Aragon, après avoir chassé Jean, duc de Lorraine, qui s'était emparé de la Calabre, se trouva paisible possesseur du royaume de Naples.

Cependant le duc de Sesse, prince de Ressane, son parent, forma le projet de l'assassiner.

Ferdinand lui accorda un généreux pardon, et, pour faire entendre qu'il vaut mieux mourir que souiller son âme par une trahison ou une lâcheté, il fonda, en 1483, l'ordre de l'Hermine.

Les chevaliers de cet ordre, qui était à la fois religieux et militaire, adoptèrent la règle de saint Basile.

Lorsque le royaume de Naples fut incorporé dans la maison d'Autriche, par suite de la transmission des droits d'Alphonse V, roi d'Aragon, à la personne de Charles-Quint, la grande maîtrise fut réunie à la couronne impériale ; mais l'ordre s'éteignit peu de temps après cette jonction.

I

IMMACULÉE CONCEPTION DE VILLA VI-CIOSA (Ordre de l'). Voy. Notre-Dame de la Conception de Villa Viciosa.

INDE ANGLAISE (Ordre de l'). Cet ordre a été fondé, en 1838, par l'Angleterre; il est exclusivement destiné aux officiers cipayes de l'armée indienne. Il est divisé en deux classes; les membres ont droit à une pension.

INTÉGRITÉ ALLEMANDE (Ordre de l').
Cet ordre fut créé, en 1690, par Frédéric, duc de Saxe-Gotha, et ne tarda pas à disparaître complétement.

ISABELLE II (Ordre royal d').
Ferdinand VII, roi d'Espagne, dans le but de perpétuer le souvenir de la prestation de serment à sa fille, doña Maria-Isabelle, en qualité de princesse héréditaire de la couronne, à défaut d'enfant mâle, institua cet ordre le 19 juin 1833, et le destina à

récompenser les services des armées de terre et de

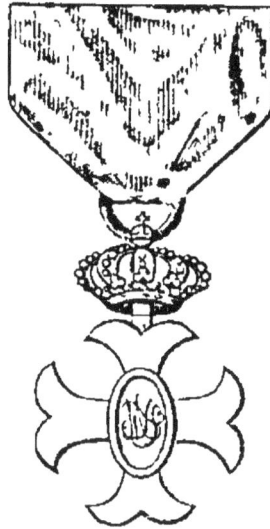

mer. La grande maîtrise appartient à la couronne d'Espagne.

Les membres de l'ordre sont divisés en trois classes.

ISABELLE LA CATHOLIQUE (Ordre royal américain d').

Cet ordre a été créé, le 24 mars 1815, dans le but de récompenser la loyauté et le zèle employé pour la défense et à la conservation des Indes ; son fondateur, Ferdinand VII, roi d'Espagne, s'en déclara grand maître et le destina aux sujets espagnols. Les Indiens qui se sont rendus dignes d'une récompense spéciale peuvent être admis à la suite des membres de l'ordre.

Les statuts primitifs portent que l'admission dans l'ordre mis sous le patronage de sainte Isabelle, donne la noblesse personnelle, et que les membres se divisent en trois classes : grands-croix, commandeurs et chevaliers, plus les Indiens.

Un décret du 26 juillet 1847 les a modifiés.

De nos jours, l'ordre sert à récompenser tous les genres de mérite, sans distinction particulière, et les membres sont divisés en quatre classes :

Grands-croix, commandeurs effectifs, commandeurs et chevaliers.

Les grands-croix jouissent du titre d'Excellence ; leur nombre est fixé à quatre-vingts, celui des commandeurs effectifs à deux cents.

J

JARA (Ordre de la),

ou Ordre du VASE DE LA VIERGE,

ou Ordre de NOTRE-DAME DU LIS.

Cet ordre a été créé par l'infant de Castille, Ferdinand le Juste, fils de Jean Ier, en 1410, afin de perpétuer le souvenir de la bataille mémorable qu'il remporta sur les Maures, et de la prise de la ville et du château d'Antequera, et dans le but de défendre la religion catholique contre les attaques des infidèles.

Lorsque Ferdinand le Juste eût été appelé au trône d'Aragon, cet ordre fut établi dans ce royaume ; il s'éteignit après avoir brillé d'un assez vif éclat.

Le nom de Notre-Dame du Lis, sous lequel l'ordre du Vase de la Vierge est quelquefois désigné, paraît lui avoir été donné en souvenir d'un ordre de ce nom, fondé en Navarre en 1048.

JARDIN DES OLIVIERS (Ordre du).

Cet ordre fut fondé, en 1107, par le roi de Jérusalem, Baudouin, dans le but d'opposer une défense aux ennemis de la religion catholique. Il subsista peu de temps et finit par disparaître complétement.

JARRETIÈRE (Ordre de la).

Cet ordre a été institué en Angleterre, le 19 janvier 1350, par Édouard III. On raconte le fait suivant comme ayant donné lieu à cette création :

La comtesse de Salisbury, se trouvant au bal, laissa tomber de sa jambe gauche la jarretière qui s'y trouvait; le roi Édouard se baissa rapidement, la ramassa et la rendit à la comtesse. Quelques-unes des personnes présentes firent, à la suite de cet incident, certaines plaisanteries qui contrarièrent la comtesse et lui firent manifester l'intention de quitter le bal. Ce que voyant, le roi, impatienté, s'écria tout haut : « Honni soit qui mal y pense! » Et, pour consoler la comtesse, il ajouta qu'il donnerait un tel éclat à ce ruban bleu, que tous

ceux qui s'étaient permis d'en rire s'estimeraient trop heureux de l'obtenir. Ce fut donc afin de tenir cette promesse qu'il institua l'ordre de la Jarretière, destiné à la haute noblesse britannique et aux souverains étrangers.—Une autre version, c'est pour nous la plus probable, prétend qu'Édouard institua cet ordre en mémoire de la victoire de Crécy, où, dit-on, il s'était servi de sa jarretière en signe de ralliement, et que la fameuse devise est une allusion à ses prétentions au trône de France.

Les membres de cet ordre célèbre ne forment qu'une seule classe de chevaliers au nombre de vingt-cinq. La grande maîtrise est adhérente à la couronne d'Angleterre.

JÉSUS-CHRIST (Ordre militaire de),
ou Ordre de la Foi de Jésus-Christ.

Le pape Jean XXII créa à Avignon, en 1320, une milice aguerrie, dont les armes devaient soutenir la religion catholique.

Cette association fut formée sous le nom d'ordre de Jésus-Christ, et a été quelquefois désignée sous celui d'ordre de la Foi de Jésus-Christ.

Les chevaliers de l'ordre, dont l'organisation était à la fois religieuse et militaire, suivaient la règle de saint Augustin, qui leur avait été imposée par Jean XXII.

A la mort de son fondateur, l'ordre disparut.

JÉSUS-MARIA (Ordre de),
ou Ordre de Jésus et Marie.

Cet ordre a été créé, en 1615, par le pape Paul V, dans le dessein de soutenir les intérêts de l'Église contre les infidèles et les hérétiques, en les maintenant et les défendant par l'appui d'une légion de chevaliers armés à cet effet.

Il s'éteignit peu de temps après sa fondation.

L

LAC (Ordre du),

   ou Ordre de l'ENTREPRISE.

Cet ordre fut créé par Louis, roi de Hongrie, lors de son départ pour la conquête de la Grèce.

Il disparut peu de temps après, sans laisser aucune trace.

LACS D'AMOUR (Ordre du). Voy. COLLIER.

LEGION D'HONNEUR (Ordre impérial de la).

L'empereur Napoléon Ier créa cet ordre en France le 19 mai 1802, et le destina à récompenser les services civils et militaires, le mérite et les belles actions.

Les événements politiques qui survinrent depuis cette époque n'eurent aucune influence sur la destinée de l'ordre, qui traversa sans atteinte les diverses formes de gouvernement adoptées en France. En

1814, le 6 juillet, une ordonnance du roi Louis XVIII prescrivit le maintien de la Légion d'honneur, qui fut de nouveau approuvée par une seconde ordonnance du 26 mars 1816.

Après la chute de la branche aînée de la maison de Bourbon, l'ordre fut solennellement reconnu par le gouvernement du roi Louis-Philippe, et ce dernier s'en déclara grand maître, en conférant la croix aux Français et aux étrangers méritants. La révolution de 1848 respecta l'ordre qui fut conservé par la République. Au chef du pouvoir exécutif, et, plus tard, au Président appartint le droit d'en créer des membres.

Depuis le rétablissement de l'Empire, S. M. I. Napoléon III, empereur des Français, chef souverain et grand maître de l'ordre impérial de la Légion d'honneur, le confère aux personnes qui se sont distinguées par leur mérite, leurs talents, leurs vertus, leurs belles actions, ou leurs services civils ou militaires. (Vingt années de service peuvent donner droit à l'admission.)

Les membres sont divisés en cinq classes : grands-croix, grands-officiers, commandeurs, officiers et chevaliers.

Nul ne peut être admis dans la Légion d'honneur qu'avec le titre de chevalier.

La qualité de membre de l'ordre se perd par les mêmes causes que celles qui font perdre la qualité de citoyen français.

LÉGION D'HONNEUR (Ordre de la).

Cet ordre, calqué sur le modèle de celui de France, a été institué dans l'empire haïtien par l'empereur Soulouque, aussitôt après son élévation au trône.

Il fut destiné à récompenser les services civils et militaires, et conféré aussi aux sujets haïtiens et aux étrangers se distinguant par leur mérite, leurs vertus ou leurs belles actions.

LÉOPOLD (Ordre de).

Cet ordre fut créé en Belgique par une loi du 11 juillet 1832, qui le destina à récompenser les services rendus à la patrie.

Les membres sont divisés en cinq classes : grands-cordons, grands-officiers, commandeurs, officiers et chevaliers.

Les nominations sont faites par le roi régnant, chef et grand maître de l'ordre.

La qualité de membre se perd ou est suspendue par les mêmes causes qui, d'après les lois pénales, font perdre ou suspendre les droits de citoyen belge.

LÉOFOLD (Ordre de).

Cet ordre a été fondé, le 8 janvier 1808, par François Ier, empereur d'Autriche, le jour même de son mariage avec l'archiduchesse Louise. Il fut institué en souvenir de l'empereur Léopold II, et destiné à récompenser, quels que soient la naissance ou le rang, toutes les personnes qui se sont distinguées dans les lettres, les arts, les sciences, les découvertes utiles, et par toute action d'éclat.

L'empereur d'Autriche est grand maître de l'ordre, dont les membres sont divisés en trois classes : grands-croix, commandeurs et chevaliers.

Les grands-croix reçoivent de l'empereur le titre de cousin ; les commandeurs, celui de baron, et les chevaliers, la noblesse héréditaire.

LÉVRIER (Ordre du). Voy. SAINT-HUBERT.

LIBÉRATEURS DE VÉNÉZUALA (Ordre des).

Bolivar, général en chef de Vénézuela (Amérique du Sud), créa cet ordre en mai 1819, et chargea le sénat de la République d'en établir les statuts, ce qui ne fut jamais fait.

LICORNE D'OR (Ordre de la).

Le comte d'Astrevant, seigneur de Brabant, fonda cet ordre en 998, lorsqu'il partit pour la terre sainte. On ne connaît pas le sort de cette institution depuis longtemps oubliée.

LION (Ordre du).

Enguerrand de Coucy, ayant tué un lion qui commettait de grands ravages, créa cet ordre en France vers l'an 1080. Il dura fort peu de temps et disparut complétement.

LION DE LIMBOURG-LUXEMBOURG DE HOLSTEIN (Ordre du),

ou Ordre du Mérite.

Cet ordre, placé sous l'invocation de saint Philippe, a été institué dans le duché de Limbourg-Luxembourg afin de récompenser les personnes qui se sont distinguées dans les sciences, les lettres, les arts, par leurs talents et leurs vertus « dans toutes les classes de la société, par des moyens compatibles avec tous les gouvernements. »

Les membres de l'ordre furent divisés en trois classes : grands-croix, commandeurs et chevaliers. En 1818, un prince de la maison de Saxe fut élu grand maître, et en 1843, le 4 du mois de décembre, le conseil de l'ordre, appelé de nouveau à élire un chef ayant titre de lieutenant grand-maître primicier-protecteur-suprême des ordres réunis des Quatre Empereurs et du Mérite du Lion de Holstein-Limbourg-Luxembourg, nomma un certain Alexandre, se disant prince de Gonzaga-Castiglione, duc de Mantoue, à cette dignité ; mais, celui-ci ayant été condamné en France, en juillet 1853, la grande maîtrise est demeurée vacante depuis cette époque.

LION DE ZAHRINGEN (Ordre du).

Cet ordre a été fondé dans le grand-duché de Bade, le 26 décembre de l'année 1812, par le grand-duc Louis-Frédéric, à l'occasion de la fête de son épouse, la grande-duchesse Stéphanie-Louise-Adrienne, et en mémoire de la maison grand-ducale. Le nom de Lion de Zahringen lui fut donné en souvenir des armes de l'ancienne maison des ducs de Zahringen. Cet ordre est destiné à récompenser les personnes qui se distinguent par leur mérite, leurs talents, leurs vertus, ou les services qu'elles ont rendus à l'État.

Les membres sont divisés en quatre classes : grands-croix, commandeurs de première classe commandeurs de deuxième classe, chevaliers.

Le grand-duc de Bade est grand maître et chef souverain de l'ordre du Lion de Zahringen, dont les statuts ont été renouvelés le 17 juin 1840.

LION D'OR (Ordre du).

Cet ordre a été créé, le 14 août 1790, par le landgrave de Hesse électorale. Les membres ne formaient qu'une seule classe de chevaliers ; mais, par suite des modifications apportées aux statuts, le 1er janvier 1818, par Guillaume Ier, ils sont aujourd'hui divisés en grands-croix, commandeurs de première classe, commandeurs de deuxième classe, chevaliers.

L'électeur régnant est chef et grand maître de l'ordre, destiné à récompenser les services civils et militaires.

LION DU PALATINAT (Ordre du).

Charles-Théodore, électeur palatin, institua cet ordre en Bavière le 1er janvier 1778, dans le but de récompenser les services civils et militaires. Les membres devaient appartenir à la noblesse, et ne formaient qu'une seule classe de chevaliers. L'ordre fut aboli par Maximilien-Joseph en 1808.

LION NÉERLANDAIS (Ordre du).

Cet ordre a été créé, le 29 septembre 1815, par Guillaume Ier, roi des Pays-Bas, dans le dessein de récompenser le mérite civil. Les membres sont divisés en grands-croix, commandeurs et chevaliers. Les personnes qui se sont distinguées par des actions courageuses et utiles à l'État ou à l'humanité sont agrégées à l'ordre sous le nom de frères.

Le roi régnant des Pays-Bas est chef souverain et grand maître de l'ordre du Lion néerlandais.

LIONNE (Ordre de la).

Cet ordre fut créé à Naples, au milieu des troubles qui affligèrent cette contrée, de 1386 à 1390; ce fut plutôt un signe de ralliement qu'un ordre régulier. Il s'éteignit avec les différends qui divisaient la noblesse napolitaine.

LIVONIE (Ordre de). Voy. PORTE-GLAIVES.

LOUIS (Ordre de).

Cet ordre fut institué dans la Hesse grand-ducale, le

25 août 1807, par le grand-duc Louis Ier. Il récompense les services civils et les actions d'éclat.

Les membres sont divisés en cinq classes : grands-croix, commandeurs de première et de deuxième classe, chevaliers de première et de deuxième classe.

Le grand-duc Louis II apporta quelques modifications aux statuts, le 14 décembre 1831.

La souveraineté et la grande maîtrise de cet ordre appartiennent au grand-duc régnant.

LOUIS DE BAVIÈRE (Ordre royal de).

Ce fut à l'occasion de sa fête et afin de récompenser ceux de ses serviteurs qui avaient accompli leur cinquantième année de service que le roi de Bavière, Louis Ier, fonda cet ordre, le 23 août 1827.

Cet ordre ne comporte qu'une seule classe de membres, qui ont le titre de chevaliers.

Le roi de Bavière régnant en est le souverain chef et le grand maître.

LOUISE (Ordre de).

Cet ordre fut créé en Prusse, le 3 août 1814, par le roi Frédéric-Guillaume III, dans le dessein de récompenser cent dames ou demoiselles qui avaient donne d'éclatantes preuves de dévouement, d'humanité et de patriotisme pendant la guerre; les nominations furent faites sans distinction de naissance ou de rang.

L'ordre est composé d'une seule classe de chevalières, et administré par une princesse de la maison royale, qui prend le titre de présidente.

LOUISE-ULRIQUE (Ordre de),
ou Ordre de l'Éventail.

Louise-Ulrique, princesse héréditaire de Suède, créa cet ordre en 1744, et le destina aux dames de sa cour dans le dessein de faire régner entre elles l'amitié, la paix et l'union. Il ne tarda pas à être conféré aux deux sexes, et, par suite, à tomber dans l'oubli.

LUCQUES (Ordre de). Voy. Saint-Jacques-du-Haut-Pas.

LUTTE (Ordre de la).

Cet ordre fut institué, en 1829, par le gouvernement grec pour récompenser les services rendus à la cause de l'indépendance hellénique ; il se composait de deux classes de membres, et se donnait indistinctement aux Grecs et aux étrangers qui s'etaient signalés par leur dévouement à la Grèce.

LIS (Ordre du).

Le pape Paul III créa cet ordre en 1546 ; il fut confirmé, en 1556, par le pape Paul IV, qui le plaça au-dessus des autres ordres d'Italie, ce qui n'empêcha pas que, quelques années plus tard, il s'éteignit com-complètement et disparut.

M

MACHINE DITE DE HARFLEUR (Ordre de la).

Guillaume le Conquérant, fils de Robert le Diable, duc de Normandie, créa cet ordre en 1066, lors de son départ pour la conquête du royaume d'Angleterre. Il subsista peu de temps et finit par disparaître entièrement.

MAISON DUCALE ERNESTINE DE SAXE (Ordre de la).

Cet ordre fut institué en Saxe-Cobourg-Gotha, Saxe-Meiningen - Hildbourghausen , Saxe-Altenbourg, le 25 décembre de l'année 1833 , par les princes Ernest-Frédéric et Bernard Erich Freund, souverains légitimes des provinces de la branche Ernestine de la maison de Saxe-Gotha. Il est le renouvellement de l'ancien ordre de la Probité allemande et est destiné à récompenser le mérite et la fidélité aux princes de Saxe.

Les membres de l'ordre, dont les ducs régnants sont chefs souverains et grands maîtres, sont divisés en grands-croix, commandeurs de première et de deuxième classe, chevaliers.

MALTE (Ordre hospitalier de),
ou Ordre hospitalier de Saint-Jean de Jérusalem.

Cet ordre est un des plus illustres et des plus célèbres; son origine remonte au temps des premières croisades, et les différentes phases de son existence agitée sont pleines d'intérêt.

En 1048, des chrétiens résidant aux lieux saints firent élever à Jérusalem une église destinée au culte catholique, à laquelle ils donnèrent le nom de Sainte-Marie-Latine. Ils y joignirent un monastère, et plus tard un hôpital desservi par des religieux, qui prirent le nom d'Hospitaliers.

En 1099, Gérard, recteur des Hospitaliers, sépara ces derniers des religieux de Sainte-Marie-Latine et en forma un ordre de Saint-Jean-Baptiste. Les membres furent par lui soumis à la règle de saint Augustin. Cette institution fut approuvée, en 1113, par le pape Pascal II.

Raymond Dupuy, qui succéda à Gérard en 1113,

fut élu grand maître de l'ordre, et lui donna des statuts qui furent confirmés par Calixte II en 1120. Après la prise de Jérusalem par les Sarrasins, en 1187, les chevaliers se virent contraints d'abandonner les lieux saints et se retirèrent à Magat, en Phénicie, qu'ils abandonnèrent bientôt pour Saint-Jean-d'Acre, où ils demeurèrent peu de temps, car, en 1191, cette ville fut conquise par les Sarrasins. Obligés de fuir cette nouvelle résidence, ils se réfugièrent en l'île de Chypre, où ils restèrent pendant dix-huit ans.

Espagne.

En 1309, les chevaliers de Saint-Jean de Jérusalem s'emparèrent de l'île de Rhodes, qu'ils perdirent en 1522. Forcé d'errer de contrée en contrée, l'ordre se fixa enfin, en 1530, dans l'île de Malte, dont les chevaliers prirent le nom. Mais là encore de nouvelles luttes les attendaient.

Ils furent attaqués en 1565, se défendirent vaillamment et conservèrent leurs possessions jusqu'à la Révolution de 1789, qui enleva à l'ordre ses droits et priviléges.

Napoléon Ier, empereur des Français, s'étant emparé de l'île de Malte, le grand maître Hompesch se retira à Trieste, et abdiqua peu de temps après en faveur de l'empereur de Russie Paul Ier, qui fut reconnu en qualité de grand maître par le pape et par les chevaliers de l'ordre, le 17 octobre 1798. Ce prince étant mort en 1801, son successeur, l'empereur Alexandre, refusa d'accepter la grande maîtrise. En 1802, il fut stipulé par le traité d'Amiens que l'île de Malte serait rendue à l'ordre ; mais, de nouvelles guerres ayant éclaté, l'exécution de cette clause n'eut pas d'effet.

Le pape Léon XII transféra le siége de l'ordre dans les États romains, le 12 mai 1827, et Grégoire XVI autorisa son installation définitive à Rome, en 1831. A partir de cette époque, le royaume

Autriche.

Lombardo-Vénitien, celui des Deux-Siciles, le duché de Parme, ceux de Modène, de Lucques, reconnurent et rétablirent l'ordre de Malte, dont les membres se divisent en chevaliers de justice, chapelains conventuels, servants d'armes, prêtres frères d'obédience et donats. En Espagne, les Langues d'Aragon et de Castille ont perpétué leur existence, mais elle est indépendante du magistère. La reine d'Espagne a accepté la grande maîtrise. Suivant les dispositions du décret impérial du 10 juin 1853, l'ordre de Malte étant un ordre étranger, il ne peut être accepté ou porté par un Français qu'autant que, conféré par un souverain, l'autorisation en a été accordée par l'Empereur.

MARIE-ÉLÉONORE (Ordre de).

Marie-Éléonore, reine de Suède, fonda cet ordre après la mort de Gustave-Adolphe, son époux, tué, le 16 novembre 1632, sur le champ de bataille de Lutzen, au milieu de la mêlée. Il était destiné aux princesses de sang royal ; depuis longtemps il a cessé d'exister.

MARIE-LOUISE (Ordre royal de la reine).

Charles IV, roi d'Espagne, créa cet ordre le 19 mars 1792, dans le but de récompenser les dames nobles qui se distingueraient par leurs services, leurs preuves d'attachement à la famille royale et leurs vertus ; elles s'engageaient : 1o à visiter au moins une fois par mois un des hôpitaux publics de femmes, ou tout autre établissement ou maison d'asile ou de charité ; 2o à faire célébrer et à entendre tous les ans une messe pour le repos de l'âme des dames de l'ordre décédées.

L'ordre de la reine Marie-Louise, placé sous la protection spéciale de saint Ferdinand, est conféré aujourd'hui en Espagne par S. M. la reine régnante, qui en est grande maîtresse.

MARIE-THÉRÈSE (Ordre militaire de).

Cet ordre, destiné à récompenser sans distinction

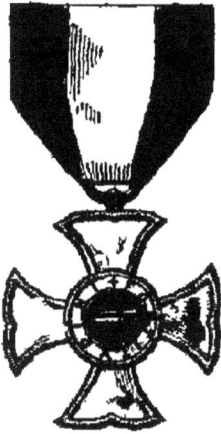

de naissance la religion, la bravoure, les actes de courage et les actions d'éclat, a été créé, le 12 décembre 1758, par l'impératrice d'Autriche Marie-Thérèse, en mémoire de la bataille gagnée sur les Prussiens, le 18 juin 1757, par l'armée autrichienne; les statuts ont été modifiés par l'empereur François Ier, le 12 décembre 1810.

Les membres de cet ordre, jouissant de grandes prérogatives, étaient, lors de sa création, partagés en grands-croix et commandeurs; une classe de chevaliers y fut ajoutée par l'empereur Joseph II. La grande maîtrise appartient à la couronne impériale d'Autriche.

MARTYRS (Ordre des). Voy SAINT-COSME ET SAINT-DAMIEN.

MAXIMILIEN-JOSEPH (Ordre militaire de).
Cet ordre, institué le 1er janvier 1806, par Maximilien-Joseph Ier, roi de Bavière, en remplacement d'un signe d'honneur qui avait été fondé, le 8 juin 1797, par le prince-électeur Charles-Théodore, est destiné à récompenser les militaires de toutes armes pour les actions d'éclat, sans avoir égard au rang, à la religion ou au grade des candidats.

Les membres acquièrent, en recevant l'ordre, la noblesse personnelle, et sont divisés en grands-croix, commandeurs et chevaliers.

La souveraineté et la grande maîtrise de l'ordre de

Maximilien-Joseph appartiennent au roi de Bavière régnant.

MAXIMILIEN POUR LA SCIENCE ET L'ART (Ordre de).

Cet ordre a été fondé le 28 novembre 1853, à

Munich, par le roi de Bavière Maximilien, afin de donner une distinction particulière à « des ouvriers éminents dans le domaine des sciences et des arts. » — Il se compose d'une seule classe de membres, divisée en deux sections : science et art.

MEDJIDIÉ (Ordre impérial du).

Cet ordre a été créé en Turquie par le sultan ; il est placé sous le patronage spécial du chef de l'État, et destiné à récompenser par une marque distinctive et honorifique les services rendus dans les diverses fonctions du gouvernement impérial. Il est divisé en cinq classes de membres, dont le nombre est limité à 50 pour la première, 150 pour la deuxième, 800 pour la troisième, 3,000 pour la quatrième, et 6,000 pour la cinquième. Les étrangers ne sont pas compris dans ces nombres.

MÉRITE (Ordre du). Voy. LION DE LIMBOURG-LUXEMBOURG DE HOLSTEIN.

MÉRITE CIVIL (Ordre du).

Cet ordre a été fondé, le 8 novembre 1806, par Fredéric Iᵉʳ, roi de Wurtemberg, dans le but de récompenser les employés civils et les autres sujets wurtembergeois qui s'étaient distingués par des actions éclatantes, ou avaient bien mérité de l'État ou du souverain par leurs services.

Le roi était grand maître de l'ordre ; les membres étaient divisés en trois classes : grands-croix, commandeurs et chevaliers.

L'ordre du Mérite civil a été remplacé, le 23 septembre 1818, par celui de la Couronne de Wurtemberg.

MÉRITE CIVIL (Ordre du).

Cet ordre fut créé par Frédéric-Auguste, roi de Saxe, le 7 juin 1815.

Il fut destiné à récompenser les personnes qui se distinguèrent par leur patriotisme et leur conduite précédente, et toutes celles qui, à l'avenir, se feraient remarquer par leur mérite et leurs vertus civiques.

Le roi est grand maître et chef souverain de l'ordre, dont les membres sont divisés en trois classes : grands-croix, commandeurs et chevaliers.

MÉRITE CIVIL, CLASSE DE PAIX (Ordre du).

Frédéric IV, roi de Prusse, considérant que l'ordre

du Mérite, fondé par Frédéric le Grand, était spécialement destiné à récompenser les actions d'éclat, résolut d'en créer un en faveur de trente personnes
se distinguant dans les sciences, les lettres ou les arts.
Il exécuta ce projet le 31 mai 1842, et institua l'ordre

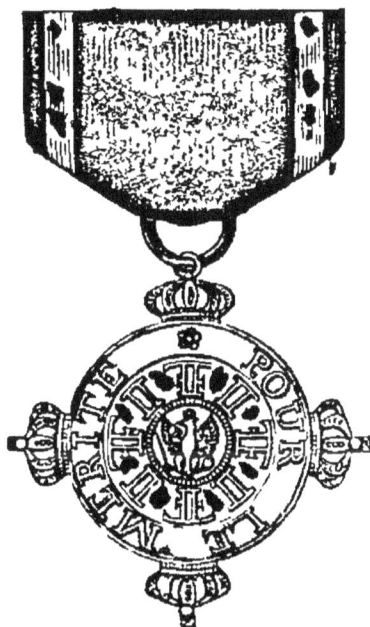

du Mérite civil, classe de paix, en faveur du cent-
deuxième anniversaire de l'avénement de Frédéric II
au trône de Prusse.

Les étrangers, artistes et savants, sont admis à faire
partie de l'ordre, dont le roi régnant est chef souverain et grand maître.

MÉRITE CIVIL DE LA COURONNE DE BA-VIÈRE (Ordre du).

Cet ordre a été créé, le 19 mai 1808, par Maximilien-Joseph, roi de Bavière, dans le but de récompenser le mérite civil et les vertus patriotiques.

Les statuts furent révisés le 8 octobre 1817. L'obtention de cet ordre donne droit à la noblesse personnelle. Le roi de Prusse régnant en est le chef souverain et grand maître.

Les membres de l'ordre sont divisés en trois classes : grands-croix, commandeurs, chevaliers.

MÉRITE DE PIERRE-FRÉDÉRIC-LOUIS (Ordre du).

Cet ordre a été créé, le 29 septembre 1838, par Paul-Frédéric-Auguste, grand-duc d'Oldenbourg, qui le destina à récompenser le mérite civil et militaire, les personnes qui se distinguent dans les sciences, les lettres et les arts, les fonctionnaires publics et généralement tous ceux qui ont rendu des services à l'État ou au souverain.

Le grand-duc régnant est chef souverain et grand maître de cet ordre, qui se compose de membres capitulaires et de membres honoraires; chacune de ces

deux catégories est divisée en quatre classes : grands.
croix, grands commandeurs, commandeurs, petites-
croix.

MÉRITE DE SAINT-MICHEL (Ordre du),
ou Ordre ÉQUESTRE DE SAINT-MICHEL.

Cet ordre fut institué à Munich, le 29 septembre 1693, par Clément, archevêque-électeur de Cologne et duc de Bavière, qui le destina à maintenir et protéger la religion et à défendre la patrie.

Le roi de Bavière Maximilien-Joseph confirma cet ordre en 1812, et joignit à son but primitif l'obligation de secourir les militaires pauvres et infirmes.

Le 16 février 1837, le roi Louis changea l'organisation de l'ordre, en fit un ordre de mérite et substitua au nom d'ordre de Saint-Michel celui d'ordre du Mérite de Saint-Michel. Les membres sont aujourd'hui divisés en trois classes : grands-croix, commandeurs et chevaliers.

Le roi de Bavière régnant est chef souverain et grand maître de l'ordre, dont les statuts furent renouvelés le 4 avril 1844 et en 1846.

MÉRITE MILITAIRE (Ordre du).
Cet ordre a été créé en France par le roi Louis XV, le 10 mars 1759, dans le but de récompenser les

services militaires des officiers de son armée professant la religion protestante. Une ordonnance de
Louis XVIII, du 25 novembre 1814, le rendit accessible à tous les officiers des troupes de terre et de mer
n'appartenant pas à la religion catholique.

L'ordre était composé de membres portant les
titres de grands-croix, commandeurs et chevaliers.

Il a cessé d'être accordé lors de la Révolution
de 1789, fut rétabli par le roi Louis XVIII, et disparut après la Révolution nouvelle, survenue en
juillet 1830.

MERITE MILITAIRE (Ordre du).

Cet ordre fut fondé, en 1759, par Charles-Eugène,

duc de Wurtemberg ; il fut destiné à récompenser les services militaires et les actions d'éclat. Le roi Frédéric Iᵉʳ le renouvela en 1799, et s'en déclara chef souverain et grand maître.

Les membres sont divisés en trois classes : grands-croix, commandeurs et chevaliers.

MÉRITE MILITAIRE (Ordre du), ou Ordre POUR LE MÉRITE.

Cet ordre fut créé, en 1740, par le roi de Prusse Frédéric II, en mémoire de son avénement au trône et en remplacement de l'ordre de la Générosité. Le 18 janvier 1810, le roi Frédéric-Guillaume III changea le but de l'ordre, destiné jusque-là à récompenser le mérite, et, sous le nom d'ordre du Mérite militaire, l'affecta spécialement aux services militaires et aux actions d'éclat ; quelques modifications nouvelles furent apportées aux statuts le 10 mars 1813 et le 19 décembre 1817. Le 31 mai 1842, le roi de Prusse ajouta à l'ordre une classe civile dans laquelle les étrangers peuvent être admis. (Voy. ORDRE DU MÉRITE CIVIL.)

Les membres de l'ordre, dont le roi de Prusse régnant est chef souverain et grand maître, ne forment qu'une seule classe de chevaliers.

MÉRITE MILITAIRE (Ordre du),
ou Ordre POUR LA VERTU MILITAIRE.

Cet ordre a été fondé en Hesse-Cassel par le landgrave Frédéric, sous le nom d'ordre pour la Vertu militaire ; le 22 octobre 1820, Guillaume I⁰ lui donna le titre d'ordre du Mérite militaire. Il est conféré aux officiers qui se distinguent par leur valeur et leur bravoure, et par leur capacité dans l'art de la guerre.

Les membres ne forment qu'une seule classe de chevaliers. Le prince régnant est grand maître et chef souverain de l'ordre.

MÉRITE MILITAIRE (Ordre du).

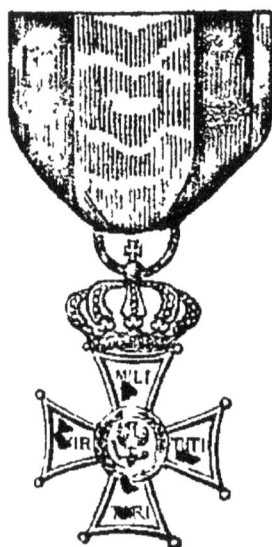

Cet ordre fut créé en Pologne, en 1791, par le roi Stanislas-Auguste. Il le destina à récompenser les officiers de son armée qui s'étaient distingués dans la guerre de l'indépendance de cette contrée contre la Russie ; mais, quelque temps après la confédération de Targowitz, il fut supprimé, et les membres durent remettre les brevets qui leur avaient été delivrés. Après la constitution du duché de Varsovie, le 26 décembre 1807, il fut rétabli par Frédéric-Auguste. Lors de la réunion de la Pologne à l'empire de Russie, l'empereur Alexandre s'en déclara chef souverain et grand maître; mais Nicolas, son successeur, l'abolit définitivement à la suite de l'insurrection polonaise de 1832.

MÉRITE MILITAIRE (Ordre du).

Cet ordre a été créé le 19 octobre 1853 par le grand duc de Toscane, Léopold II, qui s'en est déclaré grand maître et l'a institué en vue de rémunérer d'une façon équitable, suivant les circonstances, ceux qui, dans la carrière des armes, ont bien mérité du prince et de l'État.

Les membres sont divisés en chevaliers de 1re, 2e et 3e classe. L'ordre peut être accordé aux étrangers. Le titre de chevalier de 1re classe donne droit à la noblesse héréditaire. Les sous-officiers et soldats admis dans la 3ᵉ classe ont droit à une haute paye de 100 livres par an.

MÉRITE MILITAIRE D'AVIS (Ordre du). Voy. AVIS.

MÉRITE MILITAIRE DE CHARLES-FRÉDÉRIC (Ordre du).

Cet ordre fut créé, le 4 avril 1807, par Charles-Frédéric, grand-duc de Bade, qui le destina à récompenser le courage, la bravoure et les actions d'éclat. Vingt-cinq années de services fidèles et d'attachement inviolable à la personne du souverain donnent droit à l'admission.

Les membres de l'ordre sont divisés en trois classes : grands-croix, commandeurs, chevaliers.

Le duc régnant est grand maître.

MILICE CONSTANTINE DE SAINT-GEORGES (Ordre de la). Voy. CONSTANTINIEN.

MILICE DE JÉSUS-CHRIST (Ordre de la). Voy. GENDARMES DE JÉSUS-CHRIST.

MILICE DORÉE (Ordre de la). Voy. ÉPERON D'OR.

MILITAIRE (Ordre).

Cet ordre fut créé, le 14 août 1815, par Victor-Emmanuel, roi de Sardaigne et de Savoie, qui le destina à récompenser les militaires qui se distinguent par des actions d'éclat, leur bravoure, leur courage ou leurs talents dans l'art de la guerre.

Le roi ou le prince royal est grand maître et chef souverain.

Les membres sont divisés en quatre classes: grands-croix, commandeurs, chevaliers, décorés.

MIROIR (Ordre du).

Cet ordre fut créé, en 1410, par Ferdinand, roi d'Aragon, dans le dessein de perpétuer le souvenir d'une bataille qu'il avait remportée sur les Maures. Cet ordre disparut complétement après une courte durée.

MONTESA (Ordre militaire de),

ou Ordre des Frères de Notre-Dame,

ou Ordre de Notre-Dame de Montesa.

Après l'abolition de l'ordre du Temple, prononcée par le concile de Vienne en 1312, les princes chrétiens se virent dans la nécessité de fonder de nouveaux ordres militaires, destinés à les secourir contre les attaques incessantes des Maures; ce fut ainsi que Jacques II, roi d'Aragon et de Valence, créa, en 1317, à Montesa, un ordre qu'il plaça sous l'heureux auspice de Notre-Dame, et auquel il donna le nom de la ville qui en fut le chef-lieu.

Cette institution, tout à la fois religieuse et militaire , ne tarda pas à devenir célèbre. Les chevaliers acquirent une réputation de bravoure qui s'étendit au loin, et souvent les Maures furent battus ou repoussés par eux.

Les importants services rendus à la religion par l'ordre de Montesa lui valurent l'approbation des papes Jean XXII, Martin V, Jules II, Léon X, Grégoire XIII, Sixte V.

En 1399, les biens provenant de l'ordre de Saint-Georges d'Alfama furent donnés à celui de Montesa ; ce dernier acquit alors une importance considérable. Les chevaliers, qui faisaient primitivement vœu de chasteté, obtinrent plus tard une dispense générale. En 1587, la grande maîtrise fut annexée à perpétuité à la couronne d'Espagne, et, depuis cette époque, l'ordre conserva l'importance et le renom qui lui étaient particuliers.

Dégagé des articles de ses statuts qui n'étaient plus en harmonie avec les mœurs et les coutumes de notre époque, l'ordre de Montesa est encore aujourd'hui un des ordres illustres de l'Espagne.

MONTJOIE (Ordre de),
   ou Ordre de Montfrac,
   ou Ordre de Truxillo.

Plusieurs gentilshommes chrétiens se dévouèrent à la garde du mont Gioia ou mont Joie, situé non loin de Jérusalem, et qui était un lieu de pèlerinage; les secours qu'ils donnèrent aux pèlerins et leurs belles actions leur attirèrent une grande célébrité. En 1180, ils se constituèrent en ordre régulier, hospitalier, religieux et militaire. Cette fondation fut approuvée, sous le nom d'ordre de Montjoie, par le pape Alexandre III, qui lui donna la règle de saint Basile.

Lors de l'occupation de la terre sainte par les infidèles, les membres de l'ordre se réfugièrent en Europe, dans le royaume de Castille et de Valence, où le roi Alphonse IX leur donna le château de Montfrac et les possessions de Truxillo. Les chevaliers de Montjoie acceptèrent cette donation, et, en reconnaissance, défendirent vaillamment le roi Alphonse IX dans les luttes qu'il eut à soutenir contre les Maures qui désolaient l'Espagne.

De plus, et afin de conserver un éternel souvenir des libéralités dont les avait gratifiées ce roi, ils résolurent de changer leur nom de Montjoie en ceux de Montfrac et de Truxillo, ce qu'ils firent en diverses occasions.

Les nombreux ordres militaires existant au moyen âge se fusionnèrent quelquefois, afin de concentrer les forces dont ils pouvaient disposer isolément. C'est ce qui arriva à l'ordre de Montjoie, qui fut incorporé à l'ordre de Calatrava, en 1221, par le roi Ferdinand le Saint.

MONTFRAC (Ordre de). Voy. Montjoie.

MORETO (Ordre de).

Cet ordre a été créé par le pape Pie VII, et est destiné au président de l'Académie de Saint-Luc, qui peut après sa présidence continuer à porter sa décoration.

MOUCHE A MIEL (Ordre de la).

Anne-Louise de Bourbon, duchesse du Maine, créa cet ordre en France en 1703, lors de sa retraite à Sceaux ; elle le destina aux personnes des deux sexes composant sa cour.

Il ne fut approuvé par aucun souverain pontife, ni par le roi de France, et tomba bientôt dans un complet oubli.

N

NATIONAL DE NICARAGUA (Ordre).

Cet ordre a été fondé, dit-on, en 1858 à Grenada, pour récompenser toutes les personnes qui ont rendu des services au pays, et notamment celles qui ont aidé les habitants à repousser l'invasion de Walker. Il est conféré par le président du Nicaragua.

Les membres sont divisés en trois classes : chevaliers, commandeurs et grands-croix.

NAVIRE (Ordre du). Voy. Nef.

NAVIRE (Ordre du),
    ou Ordre de la Coquille de mer.

Cet ordre fut créé en France par le roi Louis IX, dit saint Louis, en 1269, en mémoire de l'expédition qu'il allait entreprendre en Afrique dans le but de soulager les chrétiens, et afin d'exciter la noblesse de France à grossir l'armée des croisés. Il le destina à récompenser les principaux seigneurs qui l'accompagnèrent.

Après la mort de son fondateur, l'ordre du Navire ne tarda pas à disparaître.

NEF (Ordre militaire de la),
    ou Ordre du NAVIRE,
      ou Ordre des ARGONAUTES DE SAINT-NICOLAS.

Cet ordre fut créé, en 1382, par le roi de Naples Charles de Duras, afin de perpétuer le souvenir du couronnement de sa femme, la reine Marguerite. Ce prince se déclara chef et souverain maître de l'ordre, et imposa aux chevaliers la règle de saint Basile.

Aucun pontife ne confirma cette fondation, qui disparut à la mort de son fondateur, survenue en l'année 1386.

NICHAN (Ordre du).

Cet ordre est conféré par le bey de Tunis comme

une marque de son estime particulière envers les étrangers.

NICHAN IFTIHAR (Ordre du).

Le sultan régnant en Turquie accorde cet ordre,

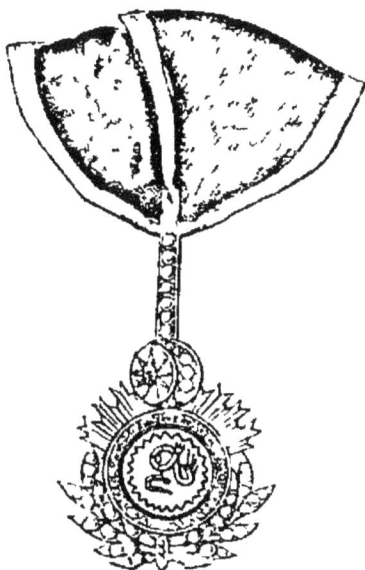

qui est considéré comme une preuve de haute distinction et est réservé aux étrangers, diplomates,
savants, artistes, qui s'en rendent dignes par leur
mérite ou leurs talents.

NOBLE CROIX (Ordre de la),
    ou Ordre de la Croix étoilée,
    ou Ordre des Dames chevalières de la Croix de
        Rédempteur,
    ou Ordre des Dames réunies pour honorer la
        Croix,
    ou Ordre des Chevalières de la vraie Croix,
    ou Société des Dames nobles de la Croix étoilée.
L'origine de cet ordre est due au fait suivant :

Le 2 février de l'année 1668, un incendie terrible se déclara dans le palais impérial à Vienne, et consuma une partie des bâtiments, ainsi que les meubles de toute nature qui les garnissaient; parmi les objets perdus se trouvait une boîte de bois ornée de cristal et d'émail, contenant un morceau de la vraie croix. Le 6 du même mois, en enlevant les débris amoncelés, quelle ne fut pas la surprise des assistants en retrouvant au milieu des décombres le morceau de la vraie croix, parfaitement conservé, quoique la boîte qui le renfermait eût été entièrement consumée.

L'impératrice Éléonore de Gonzaga résolut d'éterniser la mémoire de ce miracle, et fonda à cet effet un ordre de chevalerie sous le titre d'ordre de la Croix étoilée; il fut destiné à récompenser les dames nobles qui se distinguaient par leur vertu, leurs bonnes œuvres et leur charité.

Cette institution reçut la confirmation du saint-siége, suivant bulle du 27 juillet 1668, donnée par le pape Clément IX. Le 9 septembre de la même année, l'empereur Léopold Ier le reconnut par lettres patentes.

Les nominations appartiennent à la grande maîtresse, qui est toujours une princesse de la maison d'Autriche.

Les membres doivent appartenir à la noblesse, et sont divisés en dames grands-croix et dames chevalières. Leur nombre est illimité.

La fête de l'ordre se célèbre les 3 mai et 14 septembre de chaque année.

NOBLE PASSION (Ordre de la),
ou Ordre de QUERFURT.

Jean-Georges, duc de Saxe-Weissenfels, créa cet ordre en ses États en 1704, dans le dessein d'inspirer à la noblesse des sentiments d'élévation et de grandeur. Il s'en déclara souverain chef et grand maître, et le destina à récompenser les services rendus à l'État et au prince. Il est depuis longtemps disparu.

NOEUD (Ordre du),
ou Ordre du SAINT-ESPRIT AU DROIT DÉSIR.

Cet ordre fut créé à Naples en 1352, le jour de la Pentecôte, par Louis de Tarente, en l'honneur de son couronnement comme roi de Naples, et dans le but d'en perpétuer le souvenir.

Il disparut au milieu des troubles et des révolutions qui affligèrent le royaume de Naples à la mort de son fondateur.

NOM DE JÉSUS (Ordre du).

Cet ordre fut créé en Suède, en 1654, par le roi Charles-Gustave, le jour même de son couronnement, afin d'en perpétuer le souvenir et de récompenser les gentilshommes de sa cour.

Il s'en déclara chef souverain et grand maître; mais, à sa mort, cette institution ne tarda pas à disparaître complétement.

NOTRE-DAME DE BETHLÉEM (Ordre de).

Le pape Pie II créa cet ordre en 1459, dans le but de former une milice assez forte pour garder et défendre au besoin l'île de Lemnos, reprise sur les Turcs, qui s'en étaient emparés.

Cette institution est disparue sans laisser trace de son organisation.

NOTRE-DAME DE LA CONCEPTION DE VILLA-VICIOSA (Ordre de).

Cet ordre fut créé, le 6 février 1818, au Brésil, par Jean VI, roi de Portugal, le jour de son cou--ronnement. Le décret établissant les statuts qui régissent l'ordre porte la date du 10 septembre 1819. Les rois de Portugal sont grands maîtres de cet ordre, dont les membres sont divisés en trois classes de membres titulaires et honoraires : grands-croix, commandeurs et chevaliers.

NOTRE-DAME DE LA GUADELOUPE (Ordre de).

Cet ordre a été créé par décret du président Antonio Lopez de Santa Anna, du 11 novembre 1853 ; il est placé sous le patronage de la Vierge miraculeuse de Guadeloupe.

Les membres sont divisés en trois classes : grands-croix, commandeurs, chevaliers. Les étrangers peuvent y être admis.

NOTRE-DAME DE LA MERCI (Ordre de).

Les dames de Barcelone créèrent, en 1228, un ordre destiné au soulagement des malades, des pauvres et des prisonniers, et qui prit le nom d'ordre de la Merci, ce qui fait supposer que ce fut une confrérie dépendante de l'ordre militaire de ce nom établi en Espagne.

NOTRE-DAME DE LA MERCI (Ordre militaire de).

Suivant la tradition, voici les faits qui ont motivé la création de cet ordre, aujourd'hui disparu :

Le 1er août de l'année 1218, Jacques, roi d'Aragon, et son gouverneur Pierre Nolasques, eurent une vision de la très-sainte Vierge, qui leur apparut pour leur faire connaitre que la volonté de Dieu leur prescrivait de fonder un ordre de chevalerie destiné au rachat des captifs chrétiens chez les Maures. Le roi Jacques, surpris de l'étrangeté de cette similitude de songe et plein de soumission envers ce commandement qui lui sembla venir du ciel, fonda sans hésiter l'ordre de Notre-Dame de la Merci, le jour de Saint-Laurent, et le conféra à Pierre Nolasques et à treize autres gentilshommes. Le pape Grégoire IX approuva cette institution en 1230, et, le 8 janvier 1235, donna aux chevaliers la règle de saint Augustin.

Une assez large extension fut donnée à cet ordre, qui rendit d'importants services à l'humanité en arrachant les chrétiens captifs aux mauvais traitements qu'ils subissaient de la part de leurs ennemis.

Des divisions intestines s'étant élevées au sujet de la nomination du général de l'ordre, Arnaud Rossignol, la plupart des chevaliers quittèrent l'ordre et entrèrent dans celui de Montesa. Les chevaliers qui restèrent se séparèrent des religieux et se soumirent à la règle de saint Benoît.

Ces désunions ne tardèrent pas à amener la ruine de l'ordre, qui finit par s'éteindre complétement après une brillante existence.

NOTRE-DAME DE LA NOBLE MAISON
(Ordre de). Voy. ÉTOILE.

NOTRE-DAME DE LORETTE (Ordre de).

Le pape Sixte V créa cet ordre en 1587, afin de donner des marques de sa piété et de sa dévotion envers la très-sainte Vierge, et dans le dessein de purger la Romagne des bandits qui l'infestaient.

Il s'éteignit complétement à la mort de son fondateur, survenue le 21 août 1590.

NOTRE-DAME DE MONTESA (Ordre de).
Voy. MONTESA.

NOTRE-DAME DES GRACES (Ordre de).

Jacques Ier, roi d'Aragon, s'apercevant des heureux effets résultant de l'ordre de Notre-Dame de la Merci, qu'il avait fondé, créa celui de Notre-Dame des Grâces en 1223, dans le même dessein, c'est-à-dire afin d'opérer le rachat des captifs chrétiens chez les Maures.

Le but de ces deux ordres étant le même et l'époque de leur création se rapprochant assez, quelques historiens les ont confondus ensemble, quoiqu'ils soient parfaitement distincts.

NOTRE-DAME DU CHARDON (Ordre de). Voy. BOURBON.

NOTRE-DAME DU LIS (Ordre de).

L'origine de cet ordre est due aux faits suivants, si l'on en croit une tradition espagnole :

Don Garcia VI, roi de Navarre, se trouvant dangereusement malade, crut avoir retrouvé la santé à l'apparition d'une image de la très-sainte Vierge sortant d'un lis et tenant son fils bien-aimé dans ses bras; en reconnaissance de ce miracle, il institua, en l'année 1048, l'ordre de Notre-Dame du Lis, s'en déclara grand maître, et ordonna que cette dignité serait attachée à la personne des rois de Navarre, ses successeurs.

Les chevaliers suivaient la règle de saint Benoît et s'acquirent, par leurs belles actions, une assez grande célébrité.

Cet ordre subsista un certain laps de.temps et finit par disparaître en 1410. Cependant, il paraît avoir été renouvelé en Castille, et plus tard en Aragon par Ferdinand le Juste sous le même nom et sous celui d'ordre de la Jara ou du Vase de la Vierge.

NOTRE-DAME DU LIS (Ordre de) Voy. JARA.

NOTRE-DAME DU MONT-CARMEL (Ordre hospitalier de).

Cet ordre fut fondé en France, en 1607, par le roi Henri IV, pour donner une preuve de la sincérité de sa conversion. L'année suivante, le roi, afin d'empêcher l'extinction de celui de Saint-Lazare, réunit ce dernier à l'ordre de Notre-Dame du Mont-Carmel, avec l'approbation du pape Paul V; depuis cette époque, ils furent confirmés sous les noms d'ordres royaux, militaires et hospitaliers de Saint-Lazare et de Notre-Dame du Mont-Carmel, par Louis XIV en 1664 et 1698, Louis XV en 1722, 1767 et 1770. Depuis la Révolution de 1789 l'ordre a disparu.

NOTRE-DAME DU ROSAIRE (Ordre de).

Frédéric, archevêque de Tolède, créa cet ordre en

1209, afin d'opposer une défense aux ravages que commettaient les Maures en Espagne, et donna aux chevaliers la règle de saint Dominique.

Cette institution ne reçut la sanction d'aucun souverain pontife et s'éteignit peu de temps après sa fondation.

O

OMBRELLE DE SOIE.

Cette décoration n'est pas un ordre de chevalerie, mais comme elle est la marque distinctive que l'empereur des Birmans accorde à ceux qu'il honore d'une façon toute particulière, nous le consignons pour mémoire.

L'Ombrelle de soie est réservée aux membres de la dynastie régnante, et par exception aux étrangers.

Le diplôme est délivré sur une feuille d'or très-mince, où les caractères en langue-sanscrite sont imprimés en repoussé.

ORLÉANS (Ordre d'). Voy. PORC-ÉPIC.

OURS (Ordre de l').

Sigismond, duc d'Anhalt, créa cet ordre en ses États, vers l'année 1382 ; on ignore la teneur des statuts qui le régissaient.

L'ordre de l'Ours fut aboli et remplacé, le 18 novembre 1836, par l'ordre d'Albert l'Ours.

O U R S (Ordre de l'),

ou Ordre de Saint-Gall.

Cet ordre fut créé à Saint-Gall, en 1213, par l'empereur d'Allemagne Frédéric II, en l'honneur de saint Urse, qui fut un des soldats de la légion thébaine, et en reconnaissance de l'accueil que lui avaient fait quelque temps auparavant l'abbé et la noblesse de la ville de Saint-Gall, où il se rendait pour accomplir un vœu.

Les chevaliers s'engageaient à défendre l'Église contre les attaques des infidèles. Cet ordre subsista jusqu'au moment où la Suisse se déclara indépendante et se constitua en Confédération helvétique.

P

PAIX (Ordre de la).

Aménens, archevêque d'Auch, et quelques seigneurs des environs, afin de réprimer les violences des Albigeois et des vagabonds connus sous le nom de Routiers, qui ravageaient le pays, créèrent l'ordre de la Paix, destiné à former une milice aguerrie qui pût défendre les habitants contre les attaques incessantes auxquelles ils étaient exposés. En 1260, cet ordre fut aboli.

PALME ET DE L'ALLIGATOR (Ordre de la).

Un ordre de ce nom a été fondé au Soudan ; il est destiné aux têtes couronnées et aux étrangers d'un mérite sans égal, puisque sa possession les place au rang du souverain. *Dieu est grand* est la devise de cet ordre dont les insignes sont en or et en pierreries.

PASSION DE JÉSUS-CHRIST (Ordre de la).

Richard II, roi d'Angleterre, et Charles VI, roi de France, créèrent cet ordre en l'année 1380, dans le dessein de secourir tous les chrétiens opprimés en terre sainte par les Sarrasins, et d'opposer une défense sérieuse aux attaques des infidèles; le nombre des chevaliers devait s'élever à cent mille, et ces derniers s'engager à faire vœu de fidélité conjugale.

Cet ordre, sur lequel ses fondateurs comptaient beaucoup, fut loin de répondre à leurs espérances, et il ne tarda pas à disparaître sans avoir jamais été organisé d'une manière sérieuse, les membres ne s'étant nullement astreints à suivre une règle déterminée.

PAVILLON (Ordre du).

Cet ordre fut institué en France, en 1717, par le roi Louis XV, âgé alors de huit ans, en faveur des jeunes seigneurs de son âge. Il n'eut qu'une très-courte durée, et disparut presque aussitôt après sa fondation.

PEDRO (Ordre de).

Cet ordre a été créé, au Brésil, par l'empereur don

Pedro Ier. Il est considéré comme le premier ordre de ce pays, et est spécialement réservé aux têtes couronnées, qui ne forment qu'une seule classe de chevaliers; l'empereur régnant est chef souverain et grand maître de l'ordre.

PHÉNIX (Ordre du).

Un prince de Hohenlohé-Waldenbourg-Bartenstein, étant parvenu à l'âge de cent ans et comptant quatre empereurs dans sa famille, voulut perpétuer le souvenir de cette illustration en fondant, sous le nom d'ordre du Phénix, un ordre de chevalerie qui en éterniserait la mémoire parmi les membres de sa famille, auxquels il le destina primitivement.

Bientôt, les personnes qui rendirent à sa maison d'éclatants services, ou qui lui témoignèrent les preuves d'un attachement sérieux et durable, reçurent de ce prince, comme une marque de grande estime et de haute considération, les insignes de l'ordre qu'il avait créé.

Plusieurs autres personnages ayant sollicité leur admission, les princes d'Hohenlohé qui succédèrent au fondateur de l'ordre le rendirent accessible en créant une seconde classe régie par des statuts particuliers; lors de l'émigration de la noblesse de France, survenue à la suite de la révolution de 1789, une grande partie des officiers de l'armée de Condé fut admise à faire partie de l'ordre du Phénix, et forma une classe qui prit le titre de Langue française de l'ordre.

Des statuts particuliers furent adoptés et eurent pour bases : l'attachement à la maison de Hohenlohe et la défense de la légitimité.

Le prince de Hohenlohé était chef souverain de l'ordre et grand maître ; la Langue française, administrée par un commissaire général, était composée de deux classes de membres : commandeurs et chevaliers.

Cet ordre n'est plus conféré.

PHILIPPE LE MAGNANIME (Ordre de).

Cet ordre a été créé le 1er mai 1840, en l'honneur du landgrave Philippe le Magnanime, par le grand-duc de Hesse-Ducale Louis II.

Les membres de l'ordre, dont le grand-duc régnant est grand maître et chef souverain, sont divisés en quatre classes : grands-croix, commandeurs de première et de deuxième classe, chevaliers.

Il est destiné à récompenser le mérite, le courage, les vertus et les grandes actions.

PIE IX (Ordre équestre de).

S. S. le pape Pie IX, ayant la ferme intention de se vouer au bonheur temporel du peuple confié à son autorité, fonda cet ordre à Rome le 17 juin 1847. Il lui donna le nom de Pie, en mémoire de l'ordre des Chevaliers-Pie, créé par le pape Pie IV, et le destina à récompenser le mérite, la vertu, à exciter l'émulation pour les actions louables, et à porter les chevaliers à bien mériter du saint-siége apostolique.

S. S. le pape régnant est chef souverain, et grand maître de cet ordre, dont les membres sont divisés en chevaliers de première classe, ayant droit à la noblesse héréditaire, et chevaliers de deuxième classe, jouissant de la noblesse personnelle.

PIGEON (Ordre du).

Jean Ier, roi de Castille, créa, en l'année 1379, dans ses États, un ordre de ce nom, qui disparut fort peu de temps après sa fondation.

Les membres de cet ordre s'engageaient à défendre la religion chrétienne contre les attaques des Maures, et bientôt se joignirent aux différents ordres religieux et militaires qui existaient en Castille et en Aragon.

PORC-ÉPIC (Ordre du),

ou Ordre d'ORLÉANS,

ou Ordre du CAMAIL.

Cet ordre fut créé en France, en 1393, par Louis de

France, duc d'Orléans, comte de Valois, en réjouissance de la solennité du baptême de son fils aîné, Charles d'Orléans. Il s'en déclara grand maître, et le conféra aux seigneurs de la cour, dans le but de les attacher à sa personne.

Le nom de Camail fut donné à cet ordre en raison de ce que les chevaliers recevaient, lors de leur nomination, un anneau d'or garni d'un camaïeu sur lequel était gravé un porc-épic.

Le roi Louis XII abolit cette institution, qu'il avait lui-même accordée aux personnes des deux sexes.

PORTE-CROIX (Ordre des).

Le pape Sylvestre II envoya, au commencement de l'an 1000, à saint Étienne Ier, roi de Hongrie, la couronne de ce royaume, et lui fit en outre présent d'une croix patriarcale avec le droit de la faire porter devant lui ; ce prince aussitôt institua des officiers qu'il investit de cette charge, et, à cet effet, leur donna le nom de Porte-Croix. Ils formèrent un ordre qui s'éteignit à la mort de saint Étienne, et fut renouvelé plus tard sous le nom d'ordre de Saint-Étienne de Hongrie.

PORTE-GLAIVE (Ordre des),
ou Ordre de LIVONIE.

Albert de Brennes, évêque de Riga, créa cet ordre en 1200, dans le dessein d'établir une milice assez forte pour repousser les infidèles qui attaquaient la Livonie.

Le pape Innocent III confirma cette institution la même année, et donna aux chevaliers la règle de Citeaux. Ces derniers ayant eu une guerre à soutenir contre les Livoniens, qui s'étaient révoltés, s'unirent à l'ordre Teutonique, en 1238, et acquirent une certaine célébrité; mais après l'adoption de la religion protestante, en 1525, par Albert de Brandebourg, grand maître des chevaliers Teutoniques, les chevaliers Porte-Glaive s'en séparèrent, et, peu de temps après, l'ordre s'éteignit complétement.

POUR LE MÉRITE (Ordre). Voy. Mérite Militaire.

PRÉCIEUX SANG DE JÉSUS-CHRIST (Ordre militaire du). Voy. Rédemption.

PRINCE DE VENISE (Ordre du). Voy. Doge.

PRINCIPAUTÉS DE HOHENZOLLERN (Ordre des).

Cet ordre fut créé, en décembre 1841, par la maison princière de Hohenzollern, et fut établi dans les principautés de Hohenzollern-Hechingen et Hohenzollern-Sigmaringen, par les princes Constantin-Frédéric et Charles-Frédéric-Antoine.

Le 22 août 1851, il fut admis parmi les ordres royaux de Prusse. C'est le roi qui le confère aux per-

sonnes qui le méritent par leur attachement au souverain, leur dévouement, leur intrépidité, leurs

belles actions, etc., et par des mérites spéciaux dans
la culture des sentiments pieux et loyaux parmi la
jeunesse.

A cet effet, l'ordre est divisé en deux classes qui
ont chacune trois grades à donner aux membres :
grands commandeurs, commandeurs et chevaliers.

PROBITÉ ALLEMANDE (Ordre de la).

Frédéric Ier, fils d'Ernest le Pieux, créa cet ordre
en Saxe-Cobourg-Gotha, en 1690, et le destina à
récompenser le mérite et les services rendus à l'État
et au prince. Il tomba peu à peu dans l'oubli et fut
renouvelé le 25 décembre 1833, sous le nom d'ordre
de la Maison ducale Ernestine de Saxe, par les

princes de Saxe-Cobourg-Gotha, Saxe-Meiningen-Hildbourghausen et Saxe-Altenbourg, Ernest, Frédéric, et Bernard-Erich Freund.

PRUSSE (Ordre de). Voy. Teutonique.

Q

QUATRE EMPEREURS (Ordre chapital des),
ou Ordre d'ANCIENNE NOBLESSE.

L'institution de l'ordre d'Ancienne Noblesse remonte à l'année 1308; ce fut l'empereur d'Allemagne, Henri VII, qui le créa ; son but était le maintien des mœurs, la conservation de la noblesse en général et la propagation du christianisme.

Ses statuts furent modifiés en 1352 par Charles IV; en 1380 et 1390 l'ordre fut confirmé par Venceslas, et en 1414 Sigismond, empereur d'Allemagne et roi de Hongrie, maintint les prérogatives de l'ordre qui compta, parmi ses membres, les plus illustres personnages de l'Allemagne et de la France.

Il finit cependant par s'éteindre peu à peu ; mais en 1768 le prince de Holstein–Limbourg, de la famille des empereurs qui avaient placé l'ordre d'Ancienne Noblesse à un si haut degré d'élévation, résolut de le faire revivre sous le nom d'ordre des Quatre Empereurs, afin d'honorer la mémoire de ses fondateurs.

Il y joignit celui du Mérite du Lion de Holstein-Limbourg-Luxembourg.

Les derniers statuts établissent que l'ordre des Quatre Empereurs avait pour objet « une union réciproque entre les personnes qualifiées des deux sexes, de tous états, de toutes religions et de toutes nations, mariées ou célibataires, qui ont soutenu l'éclat de leur nom par leurs vertus civiles et religieuses. »

Le grand maître était électif et toujours choisi parmi les souverains ou princes régnants.

Les preuves exigées pour entrer dans l'ordre étaient les mêmes que pour l'ordre de Malte.

Les Langues se divisaient en : Langues allemande, austrasienne, italienne, esclavonne, étrangère ou de France, et américaine.

Les membres se divisaient en trois classes : chevaliers, commandeurs et grands-croix, plus un chapitre de Dames chanoinesses.

Le 4 décembre 1843, une assemblée prenant le titre de conseil de l'ordre nomma lieutenant grand maître primicier protecteur suprême des ordres réunis des Quatre Empereurs et du Mérite du Lion de Holstein-Limbourg-Luxembourg un certain Alexandre, se prétendant prince de Gonzaga-Castiglione, duc de Mantoue, et qui fut condamné en France pour escroquerie, en juillet 1853. On doit considérer cet ordre comme éteint.

QUERFURT (Ordre de). Voy. NOBLE PASSION.

R

RÉDEMPTION (Ordre de la).

 ou Ordre des Chevaliers rédempteurs de Mantoue,

 ou Ordre militaire du Précieux sang de Jésus-Christ.

Longin, soldat isaurien, qui plus tard obtint la palme du martyre, recueillit trois gouttes du précieux sang de Notre-Seigneur Jésus-Christ, les apporta à Mantoue et les cacha dans là terre, à l'endroit où fut édifiée plus tard l'église Saint-André. Ces gouttes de sang, enfermées dans un reliquaire, demeurèrent ainsi enfouies pendant plusieurs siècles. Elles furent découvertes sous Charlemagne, et le pape Léon III se hâta de se transporter à Mantoue, afin de prendre possession de ces gouttes de sang divin; il en donna quelques parcelles à l'empereur, qui les plaça sous la garde du peuple de Mantoue.

Les guerres qui bouleversèrent l'Italie ayant fait perdre la trace du lieu où le sang précieux avait été caché à la suite des troubles, ce fut l'apôtre saint André qui daigna révéler à saint Adalbert l'endroit de l'église où se trouvait la précieuse relique. Le pape Léon IX se rendit à Mantoue en 1054, et consacra la grande découverte miraculeuse des gouttes de sang. Ce qui fut l'occasion d'un jubilé général.

Le duc Vincent Ier de Gonzaga-Guastalla, prince de Mantoue et de l'empire romain, professant une piété profonde, voulut, en 1608, donner un éclatant témoignage de sa foi en instituant l'ordre équestre du Précieux sang ou de la Rédemption, destiné à éterniser la mémoire de la conservation des divines reliques. Cet ordre fut approuvé par le pape Paul V en l'année 1610. Il avait pour but le soutien et la défense de la religion catholique ; son fondateur s'en déclara, lui et ses successeurs légitimes au trône de Mantoue, dans la famille de Gonzaga, grands maîtres perpétuels.

A la mort des princes de Gonzaga-Guastalla, l'ordre perdit sa splendeur primitive et disparut ; mais un certain Alexandre, se prétendant prince de Gonzaga-Castiglione, tenta de relever en cette qualité l'institution et de la remettre en vigueur par un décret du 1er mars 1843, qui le déclarait, aux termes des statuts, chef et grand maître de l'ordre. Les membres furent, de son autorité privée, divisés en quatre classes : grands-croix, grands commandeurs, commandeurs et chevaliers, et il destina l'ordre à récompenser les belles actions, les vertus civiles et militaires, le mérite et le talent ; mais le prétendu prince de Gonzaga ayant subi en France, en juillet 1853, une condamnation, l'ordre resta bien et dûment éteint.

RÉUNION (Ordre de la).

Cet ordre a été institué, le 18 octobre 1811, par Napoléon Ier, empereur des Français, en l'honneur de la réunion du royaume de Hollande à l'empire français, et en remplacement de l'ordre de l'Union de Hollande, créé en 1807. Il s'en déclara grand maître et le destina à récompenser les sujets qui se distingueraient par leur mérite et leurs services civils ou militaires.

Les membres de l'ordre étaient divisés en trois classes : grands-croix, commandeurs et chevaliers. En 1815, l'ordre de la Réunion fut aboli.

RUE (Ordre de la). Voy. CHARDON.

ROSE (Ordre de la).

Don Pedro Ier, empereur du Brésil, créa cet ordre, le 17 octobre 1829, en l'honneur de la célébration de son mariage avec la princesse Amélie de Leuchtenberg. Il le destina à récompenser les personnes qui se distinguent par leurs vertus, leur mérite et leurs services civils ou militaires.

L'empereur régnant est grand maître de l'ordre, dont les membres sont divisés en six classes : grands-croix, grands dignitaires, dignitaires, commandeurs, officiers et chevaliers.

S

SAINT-ALEXANDRE NEWSKI (Ordre de).

Alexandre Jaroslavitch, archiduc de Novogorod, l'un des héros et des saints de l'empire de Russie, gagna, en 1240, la célèbre bataille de la Newa, livrée sur les bords de ce fleuve par les Russes contre les Suédois, ce qui lui fit donner le nom d'Alexandre Newski. Ce fut en l'honneur de ce prince illustre que le czar Pierre le Grand créa, en 1722, l'ordre de ce nom, qu'il destina à récompenser le mérite, la vertu et les services civils ou militaires. Il est aussi conféré aux ambassadeurs des cours étrangères et aux grands fonctionnaires de l'État.

Pierre le Grand étant mort peu de temps après cette fondation, ce fut l'impératrice Catherine, sa veuve, qui fit la première promotion.

L'empereur régnant est grand maître, et les membres ne forment qu'une seule classe de chevaliers.

SAINT-ANDRÉ (Ordre de). Voy. CHARDON.

SAINT-ANDRÉ (Ordre de).

Cet ordre, le premier de l'empire de Russie, fut créé, le 11 décembre 1698, par le czar Pierre le Grand, dans le but de récompenser les services rendus à l'État.

Les membres ne forment qu'une seule classe de chevaliers, qui ont rang de lieutenant général, et doivent être membres de l'ordre de Saint-Alexandre Newski lors de leur admission.

L'empereur régnant est chef souverain et grand maître de cet ordre fort considéré.

SAINT-ANTOINE (Ordre de).

Cet ordre fut créé en Éthiopie vers 1370, dans le dessein d'opposer une milice aguerrie aux attaques des infidèles.

Il fut approuvé par les papes Léon X et Pie V, qui lui accordèrent de grands priviléges.

Les chevaliers suivaient la règle de saint Basile et se divisaient en trois classes : commandeurs, frères servants et religieux.

Cette institution, qui s'illustra pendant un certain nombre d'années, finit par disparaître sans laisser de traces.

SAINT-ANTOINE (Ordre de).

Albert de Bavière, comte de Hainaut, de Hollande et de Zélande, créa cet ordre en ses États vers l'année 1382, dans le dessein de fonder une milice aguerrie qu'il destina à la défense de la religion catholique.

Il le conféra aux seigneurs de sa cour afin d'exciter la noblesse à combattre et à vaincre les infidèles ; il lui donna le nom de Saint-Antoine en mémoire de guérisons miraculeuses attribuées à ce saint, et s'en déclara chef souverain et grand maître.

Les chevaliers devaient appartenir à la haute noblesse, et faisaient vœu d'exposer leur vie pour le soutien de la foi. Ils rendirent d'importants services à la cause chrétienne.

A la mort de son fondateur, l'ordre disparut complétement.

SAINT-ANTOINE DE VIENNE (Ordre de).

Cet ordre fut fondé en Allemagne en 1095. On ignore le sort de cette institution, disparue peu de temps après sa fondation.

SAINT-BLAISE ET DE LA SAINTE-VIERGE (Ordre de).

Cet ordre fut créé, en Arménie, au xiie siècle, vers l'époque de la fondation de celui du Temple ; le nom de Saint-Blaise lui fut donné en mémoire du martyre de ce saint, qui eut lieu à Sébaïte ; le but de son établissement était la défense de la religion chrétienne, en butte aux attaques des infidèles, et de ses chevaliers sortirent des combattants qui furent souvent victorieux.

Les membres de l'ordre étaient soumis à la règle de saint Basile, et se divisaient en chevaliers religieux destinés au service divin, et en chevaliers combattants. Après la conquête de l'empire d'Orient par les mahométans, l'ordre de Saint-Blaise disparut, après s'être rendu justement célèbre par l'éclat de ses armes et les services rendus à la cause de la foi.

SAINT-COSME ET SAINT-DAMIEN (Ordre de), ou Ordre des MARTYRS.

La plupart des pèlerins se rendant en terre sainte arrivaient malades par suite de leurs fatigues et du mauvais climat de cette contrée ; quelques pieuses personnes, dans le but de soulager leurs souffrances, bâtirent un hôpital qu'elles placèrent sous l'invocation de saint Cosme et saint Damien. Le pape Jean XXII, considérant les nombreux bienfaits rendus aux chrétiens par cette utile institution dévouée aux bonnes œuvres, en forma, en l'année 1316, un ordre religieux, militaire et hospitalier ; il donna aux membres le titre de chevaliers, et leur fit suivre la règle de saint Basile.

Cet ordre subsista jusqu'au moment où les infidèles se rendirent maîtres de la Syrie.

SAINT-ESPRIT (Ordre du).

Henri III, roi de France, créa cet ordre, les 31 décembre 1578 et 1er janvier 1579, en mémoire de son avènement au trône de France et de son élévation à la dignité de roi de Pologne, qui eurent lieu tous deux le jour de la Pentecôte.

Le but de cet établissement fut le remplacement de l'ordre de Saint-Michel qui subsista néanmoins, mais qui, pendant les dernières années du règne précédent, avait été conféré sans mesure ni discernement, et aussi afin d'empêcher les progrès de la Ligue, qui, chaque jour, prenait un accroissement nouveau.

Le roi de France était grand maître de l'ordre, qui était destiné à récompenser la noblesse française, et se divisait en trois classes de membres : grands officiers commandeurs, officiers non commandeurs, chevaliers.

Les chevaliers de l'ordre de Saint-Michel et de celui du Saint-Esprit prenaient le titre de chevaliers des ordres du roi.

Après avoir été suspendu depuis 1789 jusqu'à la Restauration, il fut confirmé par les rois Louis XVIII et Charles X. Il a cessé d'être conféré à la suite de la Révolution de 1830.

SAINT-ESPRIT AU DROIT DÉSIR (Ordre du). Voy. Noeud.

SAINT-ESPRIT DE MONTPELLIER (Ordre hospitalier de).

Un gentilhomme de Montpellier (France), du nom de Guy de Guado, fit bâtir en cette ville, l'an 1195, un hôpital destiné à recueillir les pauvres infirmes, et le mit sous l'invocation de sainte Marthe; quelques personnes pieuses se joignirent à lui, et l'aidèrent dans cette louable entreprise, qui prit bientôt un accroissement considérable.

Cet établissement, bien organisé et sagement administré, donna des résultats si satisfaisants, que le pape Innocent III conçut le dessein de le constituer en ordre hospitalier, religieux et militaire. Ce projet fut mis à exécution suivant bulle de ce souverain pontife en date du 23 avril 1198, qui approuva la fondation de Guy de Guado, lui donna de nouveaux statuts, et le nom d'ordre du Saint-Esprit de Montpellier.

Innocent III, convaincu en outre de l'utilité incontestable de cet ordre, qui se recommandait par la pratique des bonnes œuvres et une charité évangélique, entreprit d'en créer un du même genre en Italie; bientôt, sous le nom d'ordre du Saint-Esprit de Saxia, ce nouvel ordre devint une annexe de celui de France.

Pendant plusieurs siècles, les deux institutions rendirent d'importants services et brillèrent d'un vif éclat, mais peu à peu les circonstances changèrent, des troubles survinrent, des créations nouvelles surgirent, et l'ordre de France déclina sensiblement sur la fin du règne de Henri IV, sous celui de Louis XIII; enfin il tomba complétement en désuétude vers le milieu du xviiie siècle.

Un arrêt du mois de décembre 1672 déclara l'ordre du Saint-Esprit de Montpellier éteint de fait et supprimé de droit, et ordonna que tous les biens qui pouvaient lui appartenir seraient confisqués au profit de l'ordre de Saint-Lazare de Jérusalem et Hospitalier de Notre-Dame de Mont-Carmel.

Cet arrêt inattendu frappa de consternation les membres de l'ordre, qui refusèrent péremptoirement de se soumettre aux dispositions qu'il contenait, puis, passant outre, ils élirent un grand maître du nom de La Coste, et formèrent opposition à l'arrêt précité.

Deux décisions du Conseil d'État, rendues en 1689 et 1690, confirmèrent la sentence attaquée, et achevèrent d'exaspérer les chevaliers, qui, loin d'obéir, répondirent par de nouvelles protestations.

Devant cette résistance obstinée, l'autorité souveraine s'émut, et, dans le dessein de ne laisser rien d'obscur dans cette affaire, dont la cour et la ville se préoccupaient très-fortement, des juges furent commis pour examiner attentivement la valeur des motifs invoqués par les appelants. L'examen fut favorable à ces derniers, et toutes les décisions précédemment rendues furent annulées par un décret daté de 1693, qui rétablit l'ordre du Saint-Esprit purement et simplement.

Cette victoire, achetée au prix de tant de luttes, de discussions et de tribulations de toute nature, fut loin d'amener une paix durable parmi les chevaliers, qui trouvèrent, au sujet de la grande maîtrise de l'ordre, un nouveau motif de discordes et de désunion ; elles ne cessèrent, après de vives et passionnées contestations, que devant un arrêt du 4 janvier 1708, qui déclara l'ordre du Saint-Esprit purement religieux, et en conséquence, devant être administré par un grand maître régulier.

On comprend facilement combien tous les événements dont nous venons de tracer l'esquisse durent nuire aux conditions vitales de l'ordre ; aussi ne tarda-t-il pas à s'éteindre de lui-même, ou tout au moins à tomber dans une décadence profonde, ce qui le fit définitivement joindre à l'ordre de Saint-Lazare par bulle du pape Clément XIII.

SAINT-ESPRIT DE SAXIA (Ordre du).

Le pape Innocent III créa cet ordre en Italie, en 1207, sur le modèle de celui du Saint-Esprit de Montpellier, qu'il avait autorisé en France en 1198, et dont il avait reconnu l'utilité ; des divisions s'étant élevées au milieu des chevaliers au sujet de la grande maîtrise, il se vit dans la nécessité de partager la généralité de l'ordre qui tomba depuis dans une décadence complète, et devint un ordre purement religieux.

SAINT-ÉTIENNE (Ordre noble et militaire de).

Jean-Jacques Cosme Ier de Médicis, grand-duc de Toscane, créa cet ordre en 1562, pour éterniser le souvenir de la bataille de Marcian, qu'il gagna contre le maréchal Pierre de Strozzi. Le combat ayant été livré le 2 août 1554, jour de la fête de saint Étienne, il plaça l'ordre sous la protection de ce saint, et lui en donna le nom.

Le pape Pie IV approuva cette institution, reconnut le grand-duc de Toscane en qualité de grand maître, et donna aux chevaliers la règle de saint Benoît ; ces derniers s'illustrèrent dans les guerres qu'ils eurent à soutenir contre les infidèles, et firent briller l'ordre d'un éclat qu'il conserva longtemps. Les circonstances survenues à la suite des temps amenèrent l'extinction de l'ordre ; mais, le 22 décembre 1817, le grand-duc Ferdinand III renouvela son organisation, et divisa les membres en quatre classes : prieurs grands-croix, baillis grands-croix, chevaliers commandeurs, et chevaliers de grâce et de justice. Le grand-duc régnant de Toscane est souverain chef et grand maître de cet ordre, destiné à la récompense du mérite, des services et des belles actions.

SAINT ET APOSTOLIQUE ROI ETIENNE (Ordre du).

L'impératrice d'Autriche Marie-Thérèse créa cet ordre dans ses États en 1764, en l'honneur et en vénération du premier roi de Hongrie, canonisé sous le nom de saint Étienne. Il paraît être le renouvellement de l'ordre des Porte-Croix, institué par le roi

Étienne. Il a pour but la récompense publique du mérite et des vertus, et des services rendus à l'État et au souverain.

La grande maîtrise est unie à perpétuité à la couronne de Hongrie.

Les membres de l'ordre, qui doivent appartenir à la noblesse, sont divisés en trois classes : grands-croix, commandeurs, petites-croix ou chevaliers.

SAINT-FAUSTIN (Ordre de).

Cet ordre a été fondé par Faustin Ier, dans l'empire d'Haïti, aussitôt après son avènement au trône ; il récompense spécialement les services militaires.

SAINT-FERDINAND (Ordre royal et militaire de).

Cet ordre a été créé en Espagne, le 21 août 1811, par un décret des cortès génerales du royaume. Le roi Ferdinand VII, par ordonnance du 19 janvier 1815, le consacra spécialement à récompenser le courage, la bravoure, les services militaires et les actions d'éclat; une seconde ordonnance, du 10 juillet de la même année, en régla définitivement l'organisation.

La grande maîtrise appartient à la couronne d'Espagne; les membres sont divisés en quatre classes de chevaliers et une classe de grands-croix.

SAINT-FERDINAND ET DU MÉRITE (Ordre de).

Cet ordre fut créé à Naples, le 1er avril 1800, par le roi Ferdinand IV, afin de donner une marque publique de sa vive reconnaissance envers Dieu et saint Ferdinand, son patron, et dans le but de récompenser les sujets napolitains qui lui avaient rendu des services importants et dont il avait eu des preuves de dévouement et de fidélité.

Les membres se divisaient en grands-croix et commandeurs.

L'ordre fut aboli en 1807 par Joseph Napoléon, et subsista néanmoins en Sicile, où le roi s'était retiré. En 1815, il fut rétabli, et les membres furent partagés en grands-croix, commandeurs et chevaliers. Un général qui commande en chef et remporte une victoire est de droit grand-croix; quiconque a défendu une place forte ou une ville est de droit commandeur. Le roi de Naples régnant est chef souverain et grand maître de l'ordre.

SAINT-GALL (Ordre de). Voy. Ours.

SAINT-GEORGE (Ordre de).

Cet ordre a été fondé dans ses États, par Ernest-Auguste, roi de Hanovre, afin de récompenser les services particulièrement rendus au souverain et au pays.

Les membres de l'ordre ne forment qu'une seule classe et prennent le titre de chevaliers de Saint-George.

Le roi est grand maître ; c'est l'ordre de la maison royale de Hanovre.

SAINT-GEORGES (Ordre de).

Frédéric III, empereur d'Allemagne, créa cet ordre en 1468, le plaça sous l'invocation de Dieu et de la très-sainte Vierge, et le destina au soutien de la foi. Le pape Paul II le confirma la même année, et ses successeurs, Jules II et Léon X, approuvèrent, en 1512 et 1516, cette institution, qui brilla d'un assez vif éclat et finit par s'éteindre au milieu des guerres de religion qui désolèrent l'Allemagne.

SAINT-GEORGES (Ordre de).

L'empereur d'Allemagne Frédéric III créa cet ordre à Gênes pour remercier la république génoise de l'accueil qu'il avait reçu en cette ville lors du voyage qu'il fit à Rome afin d'y recevoir la couronne impériale.

Le doge fut nommé grand maître de l'ordre de Saint-Georges, qui disparut peu de temps après sa fondation. Quoique quelques historiens aient confondu cet ordre avec le précédent, il en est parfaitement distinct.

SAINT-GEORGES (Ordre de).

Cet ordre fut créé à Ravenne en 1534, par le pape Paul III, dans le dessein de former une milice assez forte pour défendre cette ville contre les invasions des corsaires qui desolaient les côtes de cette contrée ; les chevaliers se distinguèrent par plusieurs victoires remportées sur leurs ennemis, mais l'ordre dégénéra peu à peu et disparut complétement à la mort de son fondateur.

SAINT-GEORGES (Ordre de).

Cet ordre a été créé le 26 novembre 1769 par l'impératrice de Russie Catherine II, qui le destina à récompenser les services et les actions d'éclat des officiers de son armée. Sous le règne de Paul Iᵉʳ il ne fut pas conféré, ce prince ayant projeté de grands changements dans son organisation.

Les membres étaient divisés à la création de l'ordre en cinq classes de chevaliers ;

depuis 1807, une sixième fut formée, et les membres de cette dernière prennent la qualification de Croix de Saint-Georges.

SAINT-GEORGES (Ordre de).

Philippe de Miolan, gentilhomme français, créa cet ordre dans le comté de Bourgogne en 1390, et le conféra aux seigneurs assemblés pour recevoir les reliques de Saint-Georges envoyées d'Orient; ces premiers chevaliers ne formèrent d'abord qu'une confrérie, mais, en 1485, de nouveaux statuts furent publiés et en firent un ordre religieux et militaire qui fut approuvé par le pape Innocent VIII.

Les membres faisaient vœu de se défendre mutuellement et de délivrer ceux d'entre eux qui seraient faits prisonniers. Les candidats à l'ordre devaient justifier de seize quartiers de noblesse. Quelques femmes furent admises à faire partie de cet ordre, qui subsista fort longtemps, et fut définitivement aboli par ordonnance royale du 16 avril 1824.

SAINT-GEORGES (Ordre de).

L'empereur d'Allemagne Maximilien Ier, livrant un combat aux Turcs, avait, au commencement de la bataille, imploré la protection de saint Georges pour le succès de ses armes. Au milieu de la mêlée, les troupes virent un cavalier faisant un effroyable carnage et renversant les Turcs de toute part. L'armée impériale ne douta pas que ce puissant auxiliaire ne fût le saint en personne ; en reconnaissance de ce secours, Maximilien, après avoir remporté la victoire, créa, en 1498, un ordre de chevalerie auquel il donna le nom de Saint-Georges, et qu'il plaça sous la protection de ce saint. Le pape Alexandre VI désira en faire partie, et lui accorda de nombreuses indulgences.

Les guerres religieuses qui désolèrent l'Allemagne anéantirent cet ordre, et, en 1598, l'archiduc Ferdinand donna aux pères de la compagnie de Jésus le couvent de Miltestadt, qui avait été le chef-lieu de l'ordre.

SAINT-GEORGES D'ALFAMA (Ordre de).

Cet ordre fut créé en 1201 par Pierre II, roi d'Aragon, dans le but de défendre la religion catholique contre les infidèles ; les chevaliers prirent le nom d'Alfama, qui était celui de la ville qui leur fut donnée par ce prince ; aucun souverain pontife n'approuva cette institution, si ce n'est Pierre de Lune, qui, sous le nom de Benoît XIII, se fit proclamer pape par ses partisans.

Ce fut lui qui unit l'ordre de Saint-Georges d'Alfama à l'ordre de Montesa.

SAINT-GEORGES, DÉFENSEUR DE L'IMMACULÉE CONCEPTION DE LA VIERGE (Ordre de).

Cet ordre fut créé le 24 avril 1729 en Bavière ; il est

le renouvellement d'un ordre de ce nom que l'on croit avoir été établi lors des croisades, auxquelles prirent part les ducs de Bavière : Welf Ier, Othon III, Eckart II et Othon IV ; en 1778, l'électeur Charles - Théodore lui donna une organisation nouvelle, et, le 25 février 1827, ses statuts furent complétement changés. Il occupe aujourd'hui le second rang parmi les ordres du royaume de Bavière, et ses membres sont divisés en trois classes : grands commandeurs, commandeurs et chevaliers. Le roi régnant est chef souverain et grand maître.

SAINT-GEORGES DE LA RÉUNION (Ordre chevaleresque et militaire de).

Ferdinand IV, roi des Deux-Siciles, créa cet ordre le 1er janvier 1819, en remplacement de celui des Deux-Siciles, et le destina à récompenser les actions d'éclat, le mérite et les services rendus à l'État. Le roi est grand maître, et le duc de Calabre grand maréchal.

Les membres sont divisés en quatre classes : grands-croix, commandeurs, chevaliers de droit et chevaliers de grâce.

SAINT-GEORGES ET DU MÉRITE MILI-TAIRE (Ordre de).

L'infant d'Espagne, don Charles-Louis de Bourbon, duc de Lucques, créa cet ordre dans le duché de Lucques le 1er juin 1833; mais les statuts réglant son organisation ne parurent que le 7 mai 1841. Il est destiné à récompenser les militaires qui se sont distingués par des actions d'éclat, par leurs services ou leur mérite et leur dévouement à la personne du souverain.

Le duc de Lucques régnant est chef souverain de l'ordre.

SAINT-GÉRÉON (Ordre de).

L'empereur d'Allemagne, Frédéric Barberousse, créa cet ordre en 1190, et le destina à récompenser les gentilshommes allemands qui se distinguaient par leur bravoure et leur courage en terre sainte.

L'ordre fut aboli lors de la conquête de la Palestine par les mahométans.

SAINT-GRÉGOIRE LE GRAND (Ordre pontifical de).

Le pape Grégoire XVI, voulant imiter l'exemple de ses prédécesseurs, et dans le but de donner à son peuple une marque de son affection, créa cet ordre le

1er septembre 1831, et le destina à récompenser les vertus, le mérite, les services civils et militaires.

Les membres sont divisés en quatre classes : grands-croix de première et de deuxième classe, chevaliers commandeurs et chevaliers.

Le pape régnant est chef souverain et grand maître de cet ordre.

SAINT-HENRI (Ordre militaire de).

Auguste III, duc de Saxe, créa cet ordre le 7 octobre 1738, en mémoire de l'empereur saxon, Henri le Saint ; il fut approuvé par le prince Xavier de Saxe, régent pendant la minorité du roi Frédéric-Auguste. En 1829, le roi Antoine lui donna de nouveaux statuts. L'ordre de Saint-Henri est entièrement destiné aux officiers de l'armée. Les membres sont divisés en quatre classes : grands-croix, commandeurs de première classe, commandeurs de deuxième classe, chevaliers.

Le roi régnant est grand maître et chef souverain de l'ordre.

SAINT-HERMENÉGILDE (Ordre militaire de).

Ferdinand VII, roi d'Espagne, créa cet ordre le 28 novembre 1814, et ordonna, le 9 janvier 1815, qu'il serait destiné à récompenser les officiers des armées royales d'Espagne et des Indes, et ceux de la flotte royale, pour leur constance et leurs services militaires. Le roi régnant en est, aux termes des statuts, grand maître et chef souverain; les membres sont divisés en deux classes de chevaliers et une classe de grands-croix. Il est aujourd'hui conféré par S. M. la reine.

SAINT-HUBERT (Ordre de),
ou Ordre du Cor.

Gérard V, duc de Juliers et de Berg, créa cet ordre en 1444, en mémoire de la bataille qu'il gagna sur Arnold d'Egmont, duc de Gueldre, qui s'était soulevé contre lui et était entré sur le territoire de Juliers.

Aucune nomination ne fut faite depuis 1489 jusqu'en 1709, époque à laquelle l'électeur palatin Jean-

Guillaume de Neubourg, duc de Juliers, fils de Gérard-Guillaume, rétablit l'ordre et lui donna de nouveaux statuts. Il fut confirmé en 1718 par le prince électoral Charles-Philippe, et, en 1800, par le roi Maximilien-Joseph IV.

Le roi de Bavière est grand maître et chef souverain de l'ordre.

SAINT-HUBERT (Ordre de). Voy. AIGLE D'OR.

SAINT-HUBERT DE LORRAINE DU BARROIS (Ordre chapitral de),
ou Ordre de la FIDÉLITÉ,
ou Ordre du LÉVRIER.

Au mois de mai 1416, plusieurs seigneurs du duché de Bar (France) se réunirent pour mettre un terme aux hostilités qui régnaient entre eux et faire servir leurs troupes à la défense du souverain ; cette association prit le nom d'ordre de la Fidélité, et ne fut créée que pour cinq années ; mais un chapitre tenu en 1423 décida qu'elle serait maintenue sous l'invocation de saint Hubert.

Plusieurs rois de France approuvèrent cette fondation sous les différents titres d'ordre de Saint-Hubert, de la Fidélité, et du Lévrier. Elle se continua pendant cinq siècles. Louis XIV, Louis XV, Louis XVI, rois de France, ont accordé des priviléges à l'ordre de Saint-Hubert ; il fut supprimé lors de la révolution de 1789, et fut réorganisé en 1815 ; en 1816, il fut reconnu

par Louis XVIII, et aboli par ordonnance royale du
16 avril 1824. Les membres de l'ordre étaient divisés
en trois classes : grands-croix, commandeurs et chevaliers.

SAINT-JACQUES (Ordre de),
ou Ordre de la COQUILLE.

Cet ordre fut créé en 1290, en l'honneur de saint
Jacques, par Florent V, comte de Hollande ; il fut
aboli en Hollande avec la religion catholique.

SAINT-JACQUES DE L'ÉPÉE (Ordre de).

Cet ordre, l'un des plus illustres, des plus célèbres et des
plus riches, a pris naissance en
Espagne vers l'année 1170. Des
chanoines réguliers de l'ordre
de Saint - Augustin bâtirent à
cette époque plusieurs hôpitaux
sur le chemin appelé Voie-Fran-
çaise, qui conduisait à Saint-
Jacques de Compostelle en Galice, dans le dessein de secourir
les nombreux pèlerins qui étaient continuellement
attaqués par les Maures, maîtres d'une partie de
l'Espagne.

Peu de temps après, treize gentilshommes se joignirent à ces religieux, et s'engagèrent, se plaçant
sous l'invocation de saint Jacques, à assurer les che-

mins et à rendre le passage facile aux chrétiens en combattant les infidèles. Immédiatement après leur union, ces pieuses personnes se soumirent à la règle de saint Augustin, et jetèrent les premiers fondements de l'ordre de Saint-Jacques-de-l'Épée, qui fut successivement approuvé, en 1175, par le pape Alexandre III, et par Innocent III, en 1200.

Le roi de Léon, Ferdinand II, en guerre avec Alphonse IX, roi de Castille, soupçonna les chevaliers de Saint-Jacques de servir les intérêts de son neveu ; en conséquence, il ordonna leur expulsion de son royaume. Ces derniers se réfugièrent en Castille, où le roi Alphonse les accueillit favorablement et leur donna, en 1174, le château d'Ucles, qu'ils habitèrent.

Les chevaliers, dont la réputation de courage et de bravoure retentit dans toute l'Europe, rendirent d'importants services à la religion chrétienne. Ils faisaient autrefois vœu de pauvreté et de chasteté ; mais en l'année 1180 ils reçurent du pape Alexandre III la permission de se marier, ce qui toutefois ne fut pas accordé aux dames faisant partie de l'ordre.

Après la mort d'Alphonse de Cardena, grand maître de l'ordre, le pape Alexandre VI incorpora, en 1493, à perpétuité, sa grande maîtrise à la couronne de Castille, en faveur de Ferdinand V le Catholique. Depuis cette époque, les rois d'Espagne ont conservé les titre et dignité de grand maître et perpétuel administrateur de l'ordre militaire de Saint-Jacques-de-l'Épée, qui compte aujourd'hui huit siècles de splendeur et d'éclat, et qui, malgré les changements survenus dans son organisation par suite des circonstances politiques, et les modifications apportées à ses statuts en raison de celles subies par les mœurs, les lois, les coutumes et les usages de notre époque, est aujourd'hui le premier des ordres de la Péninsule.

On retrouve l'ordre de Saint-Jacques-de-l'Épée en Portugal; voici pourquoi :

Le roi de Portugal, Denis Ier, considérant la valeur et le mérite des chevaliers de l'ordre de Saint-Jacques-de-l'Épée, les attira en ses États, et une partie d'entre eux s'y établirent. Cette branche fut reconnue et confirmée par le pape Jean XXII, en 1320. Plus tard, le pape Jules II annexa la grande maîtrise à la couronne de Portugal, en la personne de Jean II. Depuis 1789, l'ordre a été sécularisé et est devenu la récompense du mérite civil. Les membres sont aujourd'hui divisés en trois classes : grands-croix, commandeurs et chevaliers. Cet ordre, ainsi que les autres ordres portugais, a été transféré au Brésil; mais, par suite des événements politiques survenus en cette contrée, il est aujourd'hui considéré comme un ordre civil destiné à récompenser les services rendus à l'État, tant par les sujets brésiliens que par les étrangers bien méritants. L'empereur est grand maître; le prince impérial commandeur suprême.

Les membres de l'ordre brésilien sont divisés en trois classes : grands-croix, commandeurs et chevaliers.

L'ordre de Saint-Jacques-de-l'Épée est donc aujourd'hui conféré en Espagne, en Portugal et au Brésil.

SAINT-JACQUES DE L'ÉPÉE (Ordre militaire de).

Après la mémorable bataille, gagnée en 849 par don Ramire, roi des Asturies, sur les Maures, plusieurs officiers rapportèrent qu'ils avaient vu l'apôtre saint Jacques combattant en personne les infidèles, un étendard à la main, sur lequel était une épée. Ce fut en mémoire de ce fait miraculeux que Ramire institua l'ordre de Saint-Jacques-de-l'Épée, que quelques historiens confondent à tort avec l'ordre du même nom créé en 1170. Il s'éteignit peu à peu et disparut complètement.

SAINT-JACQUES-DU-HAUT-PAS (Ordre hospitalier de),

ou Ordre de Lucques.

Cet ordre fut créé au xve siècle, pour le service du grand hôpital Saint-Jacques-du-Haut-Pas de Lucques, dont relevait l'hôpital Saint-Jacques-du-Haut-Pas de Paris. Il fut supprimé par le pape Pie II, subsista néanmoins en France après cette suppression, et ne fut réellement détruit que par un édit du roi Louis XIV, daté de 1672, qui l'abolit et réunit ses biens à l'ordre de Saint-Lazare.

SAINT-JANVIER (Ordre de).

Charles IV, roi des Deux-Siciles, créa cet ordre en 1738, afin de perpétuer le souvenir de son mariage avec la princesse Amélie de Saxe, et dans le dessein de défendre la religion catholique. Il le destina à récompenser le mérite civil et la fidélité au souverain.

Le roi régnant est grand maître de l'ordre, le plus considéré du royaume.

SAINT-JEAN (Ordre prussien de).

Le 30 octobre 1810, le roi de Prusse abrogea le bailliage de Brandebourg, la grande maîtrise et les commanderies de l'ordre de Malte, réunit tous les

15

biens de cet ordre à l'État, et fonda, le 23 mai 1812, un nouvel ordre de la religion évangélique, sous le nom d'ordre de Saint-Jean.

Le roi de Prusse régnant est protecteur souverain de cet ordre, dont les membres ne formaient qu'une seule classe de chevaliers; mais le 15 octobre 1852, le roi Frédéric-Guillaume a rétabli le bailliage de Brandebourg, et aujourd'hui il y a trois classes de membres : commandeurs, chevaliers de justice et chevaliers honoraires.

SAINT-JEAN-BAPTISTE ET SAINT-THOMAS (Ordre de),

ou Ordre de SAINT-THOMAS.

Cet ordre fut créé en terre sainte, vers l'année 1205, par des chefs de croisés, afin de défendre les chrétiens contre les infidèles.

Il fut approuvé par le pape Alexandre V, et, plus tard, reçut des priviléges des papes Alexandre VI et Jean XXII.

Les chevaliers suivaient la règle de saint Augustin, et s'engageaient à faire la guerre aux infidèles et à protéger les pèlerins qui se rendaient aux lieux saints.

Le roi de Castille, Alphonse IX, dit le Noble, appela les chevaliers de cet ordre dans ses États, pour les défendre contre l'invasion des Maures.

Les chevaliers s'y rendirent, et reçurent de ce roi de bienveillantes marques de sa reconnaissance.

Cette institution brilla, pendant plusieurs siècles, d'un assez vif éclat; mais des dissensions finirent par s'élever au milieu des chevaliers, et une partie d'entre eux passa dans celui de Saint-Jean de Jérusalem (Malte); les autres essayèrent, mais en vain, de faire revivre l'ordre; ils changèrent alors ses statuts et le reconstituèrent sous le nom de Saint-Thomas. Peu de temps après cette transformation, il s'éteignit complétement.

SAINT-JEAN DE JÉRUSALEM (Ordre hospitalier de). Voy. MALTE.

SAINT-JEAN DE LATRAN (Ordre de).

Cet ordre fut créé, en 1560, dans les États de l'Église, par le pape Pie IV, qui le destina à récompenser le mérite et les vertus.

Il est aujourd'hui complétement disparu, après une existence de courte durée.

SAINT-JOACHIM (Ordre de).

Quatorze seigneurs allemands, ayant à leur tête le duc de Saxe-Cobourg-Saalfeld, créèrent cet ordre le 20 juin 1755, dans le but de se procurer mutuellement le moyen de faire le bien, en secourant ceux d'entre eux qui auraient besoin de soutien dans leur vieillesse.

Les chevaliers faisaient vœu d'adoration à Dieu, de tolérance à l'égard des religions autres que celle qu'ils professaient, de fidélité envers leur souverain, de secourir les militaires indigents, les pauvres, les veuves, les orphelins. Les membres de l'ordre étaient divisés en trois classes : grands commandeurs, commandeurs et chevaliers.

SAINT-JOSEPH (Ordre de).

Cet ordre a été créé, le 9 mars 1807, par Ferdinand III, grand-duc de Wurtzbourg.

Rentré en possession du trône de Toscane, à la suite des événements de 1814, il introduisit l'ordre dans ses États le 19 mars 1817, lui donna le second rang parmi les ordres du duché, et le destina à récompenser le mérite civil et militaire.

Le grand-duc de Toscane est grand maître ; les membres de l'ordre sont divisés en trois classes : grands-croix, commandeurs et chevaliers.

SAINT-JULIEN DU POIRIER (Ordre de). Voy. ALCANTARA.

SAINT-LAZARE DE JÉRUSALEM ET HOSPITALIER DE NOTRE-DAME DU MONT-CARMEL (Ordre royal et militaire de).

L'ordre de Saint-Lazare fut fondé à Jérusalem par

les princes chrétiens qui entreprirent la première croisade, au nombre desquels était Hugues le Grand, commandant la noblesse française, et qui, le premier, conçut la pensée de créer en Syrie un ordre destiné à accueillir et assister les pèlerins.

Louis VII, roi de France, amena, à son retour de la terre sainte, une partie des chevaliers de l'ordre, et les établit à Paris en 1154. Le roi Louis IX, dit saint Louis, revint accompagné, en 1255, du reste de ces chevaliers. L'ordre subsista en France jusqu'au 31 octobre 1608, époque à laquelle le roi Henri IV l'unit à celui de Notre-Dame du Mont-Carmel, qu'il venait d'instituer, et qui prit le nom d'ordre royal et militaire de Saint-Lazare de Jérusalem et Hospitalier de Notre-Dame du Mont-Carmel. Il fut confirmé par Louis XIV, en 1664, et par Louis XV en 1722 et 1757. A cet ordre fut joint, par bulle de Clément XIII, celui du Saint-Esprit de Montpellier.

L'ordre de Saint-Lazare de Jérusalem et Hospitalier de Notre-Dame du Mont-Carmel fut aboli en 1789.

SAINT-LOUIS (Ordre royal et militaire de).

Cet ordre fut créé, en avril 1693, par le roi de France Louis XIV, qui le destina à récompenser les officiers de son armée professant la religion catholique, et qui se distinguaient par leurs vertus, leur mérite et les services rendus.

Il fut confirmé par Louis XV, en 1719, disparut lors de la révolution de 1789, et fut rétabli, le 30 mai

1816, par Louis XVIII. Il subsista jusqu'en 1830, époque à laquelle il cessa d'être conféré.

Les membres étaient divisés en trois classes : grands-croix, commandeurs et chevaliers. Le roi de France était grand maître.

SAINT-LOUIS (Ordre de).

Cet ordre, ancien ordre de Saint-Louis du Mérite civil, a été reconstitué sous ce nouveau nom par le duc de Parme Charles III de Bourbon, et est devenu un ordre civil et militaire ; la grande maîtrise est annexée au trône ducal ; l'ordre se divise en cinq classes : grands-croix, commandeurs, chevaliers de 1re classe, chevaliers de 2e classe, décorés.

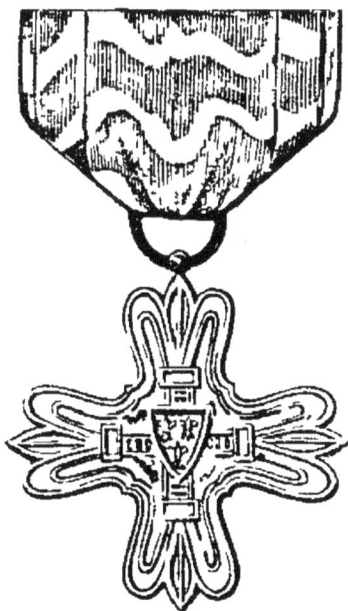

Les étrangers peuvent y être admis. La grande croix donne la noblesse héréditaire, ainsi que le titre de commandeur ; le grade de chevalier de 1re ou 2e classe donne la noblesse personnelle.

Il est destiné à récompenser et à distinguer les personnes qui, par l'intégrité des mœurs, l'attachement au souverain, par des actions recommandables et vertueuses, d'importants services civils ou militaires, par une science et un talent remarquable, auraient acquis l'estime publique et la bienveillance royale.

SAINT-LOUIS DU MÉRITE CIVIL (Ordre de).

Cet ordre a été créé dans le duché de Lucques, par le duc Charles-Louis, le 22 décembre 1836. Il fut destiné à récompenser les personnes qui se distinguent par leur mérite, leurs vertus ou leurs belles actions.

Les membres furent divisés en trois classes de décorés.

Le grand-duc régnant était chef souverain et grand maître de l'ordre qui fut réorganisé le 11 août 1849, sous le titre d'ordre de Saint-Louis.

SAINT-MARC (Ordre de).

Après la translation du corps de saint Marc, évangéliste, d'Alexandrie à Venise, cette république se plaça sous la protection du saint, et institua un ordre de chevalerie en son honneur, auquel elle donna son nom. Le doge était grand maître, et conférait cet ordre en récompense des services rendus à la république.

Depuis longtemps il est disparu.

SAINT-MICHEL (Ordre équestre de). Voy. MÉRITE DE SAINT-MICHEL.

SAINT-MICHEL (Ordre de).

Cet ordre fut créé à Amboise (France), le 1er août 1469, par le roi de France Louis XI, qui le destina aux seigneurs de la cour dont il désirait attirer le dévouement à sa personne.

Le nombre des chevaliers fut primitivement fixé à trente-six; mais, sous le règne de Henri II, il fut prodigué outre mesure et tomba complétement en déconsidération, ce qui obligea plus tard le roi Louis XIV à annuler une partie des nominations faites par ses prédécesseurs, et à le reconstituer sur de nouvelles bases le 14 juillet 1661. Il fut suspendu par suite de la révolution de 1789, et rétabli, le 16 novembre 1816, par le roi Louis XVIII, qui le destina à récompenser les Français se distinguant dans les sciences, les lettres et les arts. Il a cessé d'être conféré en 1830. Le roi de France était grand maître.

SAINT-MICHEL ET DE SAINT-GEORGES (Ordre de).

Cet ordre fut créé en Angleterre, le 12 août 1818, par le roi Georges, en mémoire du traité du 23 mai 1814, par lequel l'île de Malte fut réunie à la Grande-Bretagne, et de celui du 5 novembre 1815, qui place les îles Ioniennes sous la dépendance du gouvernement britannique. Il est destiné à récompenser le mérite et la loyauté. Les statuts ont été revisés le 5 avril 1826 par Georges IV, et Guillaume IV les renouvela le 17 octobre 1837. Les membres sont divi-

sés en trois classes : grands-croix, commandeurs et chevaliers.

SAINT-OLAÜS (Ordre royal de).

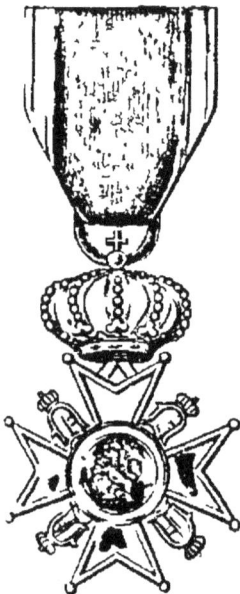

Cet ordre fut créé le 21 août 1847, jour de la fête de Joséphine, fille du prince Eugène, reine de Suède et de Norwége, par Oscar Ier, roi de Suède, son mari, en mémoire du roi Olaüs, qui delivra la Norwége de la domination étrangère, et introduisit dans ce pays le christianisme.

Le roi de Suède est seigneur et grand maître de cet ordre destiné à récompenser le mérite.

SAINT-PATRICE (Ordre de).

Cet ordre fut créé, le 5 février 1783, par Georges III,

roi d'Angleterre, qui le destina à récompenser la noblesse de l'Irlande. Tous les membres ne forment qu'une seule classe de chevaliers. Le roi est souverain chef; le lord lieutenant d'Irlande, grand maître.

SAINT-PAUL (Ordre de).

Cet ordre fut créé par le pape Paul III, en l'année 1537, dans les États de l'Église.

Il fut, presque aussitôt fondé, réuni à l'ordre de Saint-Pierre, et forma celui de Saint-Pierre et de Saint-Paul.

SAINT-PIERRE (Ordre de).

Cet ordre fut créé, en 1520, par le pape Léon X, dans le dessein de former une milice propre à garder et à défendre les côtes maritimes des États romains contre les attaques des Turcs. Le pape Paul III approuva cette institution, et l'unit, en 1538, à l'ordre de Saint-Paul. Ces deux ordres n'en formèrent plus qu'un, qui prit le nom de Saint-Pierre et de Saint-Paul, et disparut quelque temps après.

SAINT-PIERRE ET SAINT-PAUL (Ordre de). Voy. SAINT-PIERRE.

SAINT-REMY (Ordre de). Voy. SAINTE-AMPOULE.

SAINT-RUPERT (Ordre de).

Cet ordre fut créé, en 1701, par Jean-Ernest de Thun, archevêque de Saltzbourg, en l'honneur de saint Rupert, premier évêque de cette ville, et dans le dessein de perpétuer le souvenir du traité de Carlowitz. L'empereur d'Autriche, Léopold Ier, le confirma. Il a cessé d'exister depuis longtemps.

SAINT-SAMSON DE CONSTANTINOPLE ET DE CORINTHE (Ordre de).

Cet ordre fut créé sous le pontificat d'Innocent III, qui le plaça, en l'année 1198, sous la protection du saint-siége et en approuva les statuts. Il fut réuni à l'ordre de Saint-Jean de Jérusalem (Malte) par bulle de Clément V du 8 août 1308.

SAINT-SAUVEUR (Ordre de).

Cet ordre fut créé, en 1561, par Éric XIV, roi de

Suède, le jour même de son mariage avec la princesse Catherine, sœur de Sigismond, roi de Pologne,
et dans le dessein d'éterniser la mémoire de cette
alliance. Il est depuis longtemps disparu.

SAINT-SAUVEUR DE MONTRÉAL (Ordre de).

Le roi de Castille et de Léon, Alphonse VII, ayant
fait bâtir, en 1121, la ville de Montréal, il en confia
la garde aux chevaliers de l'ordre du Temple; mais,
cet ordre ayant été supprimé par le concile de Vienne
du 16 octobre 1311, le roi Alphonse XI créa, en 1312,
afin de former une milice propre à défendre la ville
de Montréal, un ordre militaire destiné à remplacer
celui du Temple, et auquel il donna le nom de Saint-
Sauveur, en mémoire de ce que les autres ordres de
chevalerie créés en Espagne, et placés sous les aus-
pices de Notre-Seigneur Jésus-Christ, réussissaient à
délivrer cette contrée des attaques des Maures.

La règle des chevaliers était semblable à celle sui-
vie par l'ordre du Temple : ils faisaient vœu d'exposer leur vie pour le soutien de la foi, de poursuivre
les Maures et les chasser d'Espagne.

Les rois de Castille étaient grands maîtres de cet
ordre, disparu depuis longtemps.

SAINT-SÉPULCRE (Ordre hospitalier et mili-
taire du).

Cet ordre est le plus ancien des ordres de chevalerie, il compte dix-huit siècles d'existence. Soixante-
neuf ans après la mort de Notre-Seigneur Jésus-Christ,

saint Jacques, premier évêque de Jérusalem, établit de pieux cénobites auxquels il confia la garde du saint sépulcre. Plus tard, des chevaliers militaires leur furent adjoints, et cette milice devint un ordre de chevalerie ayant une organisation religieuse et militaire.

Les membres prirent le titre de chevaliers hospitaliers militaires du Saint-Sépulcre de Jérusalem.

Le patriarche de Jérusalem fut investi de la souveraineté de cet ordre, qui fut confondu plus tard avec une confrérie du même nom, purement religieuse, qui se forma en France à la suite des circonstances suivantes :

Le roi de France, Louis VII, à son retour de la terre sainte, amena avec lui vingt membres religieux de cet ordre, et les établit à Saint-Samson d'Orléans, où ils formèrent une archiconfrérie qui subsista jusqu'en 1254. A cette époque elle fut transférée à Paris, dans l'église de la Sainte-Chapelle.

A la suite de la révolution de 1789, cette archiconfrérie fut abolie, ainsi que tous les établissements religieux et les ordres de chevalerie.

Plus tard, lors de la Restauration, le roi Louis XVIII, ayant le dessein d'approuver l'*Ordre de chevalerie* du Saint-Sépulcre et d'autoriser en France le port des insignes de cet ordre, le confondit avec l'archiconfrérie et renouvela celle-ci le 19 août 1814 ; quelques années plus tard parut (*Moniteur* du 10 août 1822) une protestation du révérendissime père gardien du Saint-Sépulcre, prouvant la distinction qui existait entre

16

l'ordre militaire et l'archiconfrérie ; le roi se hâta de la supprimer en 1823.

En 1489, une bulle du pape Innocent VIII avait réuni l'ordre militaire du Saint-Sépulcre à celui de Saint-Jean de Jérusalem (Malte), mais cette réunion ne reçut jamais une entière exécution, et le révérend père gardien du tombeau du Christ, patriarche de Jérusalem, n'a jamais cessé de créer des chevaliers de l'ordre, privilége qui lui fut confirmé par S. S. le pape Pie IX, suivant les dispositions relatées dans le concordat du 23 juillet 1847.

Pendant la semaine sainte, au mois de mars 1845, lorsque les insignes reliques de la Passion ont été exposées en l'église métropolitaine de Notre-Dame, et ont été rendues à la vénération des fidèles, une députation de l'ordre du Saint-Sépulcre a été commise à la garde de la couronne d'épines et de la vraie croix, par monseigneur Affre, archevêque de Paris, qui a, ensuite, ordonné qu'à l'avenir les chevaliers du Saint-Sépulcre reprendraient leur banc et feraient leur service religieux à la Sainte-Chapelle, dès que les saintes reliques y seraient transférées.

SAINT-SÉPULCRE (Ordre du).

Henri II, avant de prendre possession du royaume d'Angleterre, fit un pèlerinage au tombeau du Christ, et, satisfait des services que les chevaliers commis à la garde du saint sépulcre rendaient aux pèlerins, il résolut, à son retour de la terre sainte, de fonder un ordre de chevalerie semblable à celui du Saint-

Sépulcre de Jérusalem ; les guerres qu'il eut à soutenir l'empêchèrent d'abord de mettre ce projet à exécution ; cependant, en 1174, l'ordre fut créé. Le pape Innocent III l'approuva en 1199, et donna aux chevaliers la règle de saint Basile. Le pape Alexandre V le confirma.

Cet ordre fut aboli à la suite du changement de religion survenu en Angleterre, et la majeure partie des chevaliers qui le composaient s'unirent à celui de Saint-Jean de Jérusalem (Malte).

SAINT-STANISLAS (Ordre impérial et royal de).

Cet ordre fut créé en Pologne, le 7 mai 1765, par Stanislas-Auguste Poniatowski, en l'honneur du patron de la Pologne, et dans le dessein de se former des partisans parmi les grands du royaume. Il fut aboli lors du partage de la Pologne, et rétabli avec le duché de Varsovie, après la paix de Tilsit.

Auguste de Saxe le conféra tant qu'il resta duc de Varsovie ; mais, plus tard, la Pologne ayant été réunie à l'empire de Russie, l'empereur Alexandre Ier devint souverain chef et grand maître de l'ordre de Saint-Stanislas, qu'il renouvela solennellement en 1815, en lui donnant de nouveaux statuts qui divisèrent les membres en quatre classes. A la suite de la dernière révolution polonaise, l'ordre de Saint-Sta-nislas prit le titre d'impérial et royal et fut incorporé aux ordres russes. En vertu d'un ukase de 1839, il est destiné à récompenser les personnes qui, par leurs services ou leurs actions, ont contribué à la prospérité de l'empire.

Cet ordre prend rang après celui de Sainte-Anne.

SAINT-SYLVESTRE (Ordre de).
ou Ordre de l'ÉPERON D'OR RÉFORMÉ.

Le pape Grégoire XVI, considé-rant la prodigalité des nominations faites dans l'ordre de l'Éperon d'or, par des familles princières de Rome et des dignitaires de l'État, restaura cet ordre par lettres apostoliques du 31 octobre 1841, lui donna une organisation nouvelle et le nom d'ordre de Saint-Sylvestre de l'Épe-ron d'or réformé. Il est aujourd'hui destiné à récompenser les vertus et le mérite civil, et les membres sont divisés en deux classes : commandeurs et chevaliers. S. S. le pape régnant est chef souverain et grand maître de l'ordre.

SAINT-THOMAS (Ordre de). Voy. SAINT-JEAN-BAPTISTE et SAINT-THOMAS.

SAINT-THOMAS BECQUET (Ordre de).
Richard Ier, roi d'Angleterre, créa un ordre de ce

nom en ses États en 1190, destiné à la défense de la
religion. Il est depuis longtemps disparu sans laisser
de traces.

SAINT-WLADIMIR (Ordre de).

Cet ordre fut créé en Russie,
le 3 octobre 1782, par l'impératrice Catherine II. en mémoire
du jour anniversaire de son
couronnement, et en l'honneur
de saint Wladimir, qui établit
la religion chrétienne dans l'empire, et qui mérita le glorieux
surnom de *Semblable aux apôtres.*

Aucune nomination ne fut
faite sous le règne de Paul Ier;
l'empereur Alexandre Ier le réta-
blit le 12 décembre 1801, et le destina à récompenser le mérite civil et militaire, quels que soient le
rang ou la naissance des candidats.

L'empereur de Russie régnant est chef souverain et
grand maître de l'ordre.

SAINTE-AMPOULE (Ordre de la),
ou Ordre de SAINT-REMI.

Clovis Ier, roi de France, ayant gagné la bataille de
Tolbiac sur les Germains, en 496, se fit baptiser à
Reims, le jour de Noël, par saint Remi, afin de rem-
plir la promesse qu'il avait faite à Dieu et à la reine
Clotilde de France, de se convertir à la religion chré-

tienne si le sort des armes lui était favorable en cette occasion.

L'huile préparée pour l'onction ayant été répandue par mégarde, un ange, sous la forme d'une colombe, en apporta d'autre dans une fiole qui, du mot latin, fut nommée ampoule.

En mémoire de ce miracle, Clovis créa l'ordre de la Sainte-Ampoule, qu'il destina et fut conféré à quatre chevaliers seulement : les barons du Terrier, de Bellestre, de Sonache et de Louverey. Les différents possesseurs de ces baronnies furent seuls admis dans cet ordre, disparu depuis des siècles.

SAINTE-ANNE (Ordre de).

Cet ordre a été fondé dans l'empire haïtien, par l'empereur Faustin Ier, pendant la campagne des Cayes en 1856.

SAINTE-ANNE (Ordre de).

Cet ordre fut créé, le 14 février 1735, par Charles-Frédéric, duc de Schleswig-Holstein-Gottorp, en mémoire de l'impératrice Anne de Russie, et en l'honneur de son épouse Anne Petrowna. L'empereur Paul Ier, en montant sur le trône de Russie, déclara que cet ordre serait désormais partie des ordres de l'empire, et le destina à récompenser les sujets russes et les étrangers qui se seront distingués par leur mérite, leurs vertus et leurs talents, ou qui ont rendu des services à l'État ou au souverain.

En 1815, l'empereur Alexandre Ier le rendit accessible aux militaires de son armée qui méritent bien de la patrie, soit par des actions éclatantes, soit par leurs services ou leur mérite.

SAINTE-BRIGITTE (Ordre militaire de).

Sainte Brigitte, reine de Suède, ayant eu une vision de Notre-Seigneur Jésus-Christ, qui lui fit connaître combien le vœu des chevaliers qui se consacraient au soutien de la foi en s'enrôlant dans les ordres de chevalerie lui était agréable, créa à cette intention un ordre auquel elle donna le nom de sa patronne, et qui fut destiné à opposer une défense aux barbares et aux hérétiques qui désolaient la Suède. Il fut approuvé par le pape Urbain V, en 1358, qui donna aux membres de l'ordre la règle de saint Augustin.

Les chevaliers nommés Briciens faisaient vœu de combattre contre les hérétiques, pour la sépulture des morts, l'assistance des veuves, des orphelins et la défense des établissements hospitaliers.

Cet ordre s'éteignit à la mort de sa fondatrice, survenue en 1373.

SAINTE-CAROLINE DE JÉRUSALEM (Ordre de).

Cet ordre a été institué, le 20 octobre 1816, par S. M. la reine Caroline d'Angleterre, duchesse de

Brunswick et épouse de S. M. Georges IV, souverain de la Grande-Bretagne, lors de son pèlerinage en terre sainte.

Bartholoméo de Pergami, baron de Francini, chevalier dignitaire des ordres de Malte et du Saint-Sépulcre de Jérusalem, et chambellan de la reine, fut investi par elle du titre de premier grand maître de l'ordre de Sainte-Caroline de Jérusalem, sur le tombeau de Notre-Seigneur Jésus-Christ, et en présence du révérendissime père Antonio, gardien de toute la terre sainte.

Les membres ne formaient qu'une classe de chevaliers, dont le nombre était illimité.

Cet ordre n'a été donné qu'avec réserve aux personnes qui ont rendus des services à la religion catholique, ainsi qu'aux pèlerins de toutes les nations qui ont fait, par dévotion, le pèlerinage de Jérusalem. Il n'a été accordé qu'à un fort petit nombre de Français.

SAINTE-CATHERINE (Ordre de).

Cet ordre fut créé en Russie, le 6 décembre 1714, en mémoire de la conduite héroïque tenue par l'impératrice Catherine, et de la présence d'esprit de cette princesse lors de la bataille de Pruth, livrée contre les Turcs. Il fut primitivement destiné à récompenser les seigneurs de la cour, qui ne formaient qu'une seule classe de chevaliers ; mais en 1797 l'empereur Paul Ier créa une seconde classe de membres, formée des dames d'honneur de l'impératrice et des étran-

gers de haut rang. L'impératrice est grande maîtresse
de l'ordre.

SAINTE-CATHERINE DU MONT SINAÏ (Ordre de).

Après le martyre de sainte Catherine, qui eut lieu
à Alexandrie en l'année 307, les anges enlevèrent le
corps de la sainte et l'ensevelirent sur le mont Sinaï ;
vers l'an 1067, plusieurs princes chrétiens créèrent,
sur le modèle de l'ordre du Saint-Sépulcre, un ordre
militaire qui prit le titre de Sainte-Catherine du mont
Sinaï, dans le dessein de veiller à la garde du tombeau de la sainte, et d'assister et protéger les pèle-

rins qui se rendaient au lieu saint pour y visiter les reliques et le tombeau.

Les chevaliers suivaient la règle de saint Basile. L'ordre, qui ne reçut la sanction d'aucun pape, disparut lors de la conquête de l'empire d'Orient par les mahométans.

SAINTE-ÉLISABETH (Ordre royal de).

Cet ordre fut fondé le 4 novembre 1801, par le prince régent de Portugal, qui, par décret du 17 décembre suivant, autorisa sa femme à en préparer les statuts; ils furent publiés le 25 avril 1804. Il est accordé à vingt-six dames qui doivent avoir au moins vingt-six ans ou être mariées ; elles doivent une fois par semaine, chacune à son tour, visiter l'hospice des Orphelins.

Le reine de Portugal est grande maîtresse de l'ordre.

SAINTE-MADELEINE (Ordre militaire de).

Un gentilhomme breton, du nom de Jean Chesnel, seigneur de la Chapperonnaye, soumit à Louis XIII, roi de France, le projet d'un ordre de chevalerie destiné à empêcher la fureur des duels parmi les membres de la noblesse de France, et afin d'exciter ceux-ci à la défense de la religion catholique contre les progrès du protestantisme. Louis XIII approuva les motifs de cette institution et se disposa à la mettre à exécution; mais il s'éleva des difficultés, et l'ordre en resta là.

SAINTE-MARIE (Ordre militaire de),
  ou Ordre des FRÈRES DE LA JUBILATION,
  ou Ordre de SAINTE-MARIE DE LA TOUR,
  ou Ordre des CHEVALIERS DE LA MÈRE DE DIEU.

Cet ordre fut créé en Italie, en 1233, dans le dessein de former une milice aguerrie pouvant réprimer les désordres que commettaient journellement les Guelfes et les Gibelins, et afin de défendre et de soutenir la religion catholique contre les attaques des infidèles. Le pape Martin IV approuva cette institution et soumit les chevaliers à la règle de saint Augustin. Ces derniers abandonnèrent peu à peu leurs devoirs, et se livrèrent sans frein aux fêtes mondaines et aux plaisirs de tous genres, ce qui leur fit donner par le peuple le nom de Frères de la Jubilation.

L'ordre tomba bientôt en désuétude, et, à la mort du dernier commandeur de Bologne, Camille Volta, survenue en 1559, il fut supprimé, et ses biens donnés par le pape Sixte V au collége de Montalle, à l'exception toutefois d'une commanderie que quelques chevaliers conservèrent sous le nom d'ordre de Sainte-Marie de la Tour; ils tombèrent peu à peu à un nombre fort restreint et finirent par disparaître complétement.

SAINTE-MARIE-MADELEINE (Ordre de).

Un ordre de ce nom a été fondé dans l'empire haïtien, par l'empereur Faustin Ier, pendant la campagne des Cayes en 1856.

SAINTE-MARIE DE LA TOUR (Ordre de). Voy. SAINTE-MARIE.

SAINTE-MARIE DE MÉRUDE (Ordre de).

Cet ordre fut créé par Jacques Ier, roi d'Aragon, dans le but d'opérer le rachat des chrétiens captifs chez les infidèles.

Il est disparu depuis plusieurs siècles.

SAINTE-MARIE D'ÉVORA (Ordre de). Voy. CONFRÈRES DE SAINT-MARIE D'ÉVORA.

SAINTS-MAURICE ET LAZARE (Ordre religieux et militaire des).

Cet ordre fut créé en 1434, sous le nom d'ordre de Saint-Maurice, par Amédée VIII, premier duc de Savoie, qui s'en déclara grand maître. Ses successeurs négligèrent cette institution qui disparut pendant une centaine d'années; mais, en 1572, le duc Emmanuel-Philibert la renouvela pour encourager ses sujets à résister aux réformes religieuses de Calvin. Le pape Grégoire XIII confirma cet ordre et y intercala celui de Saint-Lazare. Depuis lors il prit le nom d'ordre des Saints-Maurice et Lazare. Il cessa d'être conféré au moment de la réunion de la Savoie à la France. En 1816, le roi Victor-Emmanuel lui donna de nouveaux statuts. Le roi Charles-Albert y introduisit quelques modifications, par décret du 9 décembre 1831.

Cet ordre est aujourd'hui destiné à récompenser le mérite civil et militaire, et ses membres sont divisés en trois classes : grands-croix, commandeurs, chevaliers de grâce et de justice.

Le roi de Sardaigne régnant est chef souverain et grand maître de l'ordre.

SAUVEUR (Ordre du).

Cet ordre fut créé en Grèce, le 20 mai 1833, par le roi Othon Ier, en mémoire de l'heureuse délivrance de la Grèce, et afin de perpétuer le souvenir de cet événement.

Il le destina à récompenser le mérite et le plaça sous la divine invocation du Rédempteur. Le roi régnant est grand maître; les membres de l'ordre sont divisés en cinq classes : grands-croix, grands commandeurs, commandeurs, chevaliers de la croix d'or, chevaliers de la croix d'argent.

17

SÉRAPHINS (Ordre des).

Cet ordre, le plus ancien et le plus considéré des ordres suédois, fut créé en 1334, par Magnus IV, roi de Suède, afin de perpétuer le souvenir du siége d'Upsal, et dans le dessein de défendre la religion catholique. Il a subi tant de changements depuis sa fondation, que ses statuts actuels sont entièrement différents de ceux primitifs; il était presque éteint sous le règne de Charles IX, lorsqu'il fut rétabli, le 17 avril 1748, par le roi Frédéric Ier, qui lui rendit ses priviléges et lui donna une nouvelle organisation.

Le roi de Suède est grand maître de l'ordre, dont les membres ne forment qu'une seule classe de chevaliers.

SILENCE (Ordre du). Voy. Chypre.

SINCÉRITÉ (Ordre de la). Voy. Aigle rouge.

SOCIÉTÉ DES DAMES NOBLES DE LA CROIX ÉTOILÉE (Ordre de la). Voy. Noble-Croix.

SOLEIL DE PERSE ET DU LION (Ordre du). Cet ordre fut créé, en 1808, par le schah de Perse

Feth-Aly, dans le dessein de récompenser les étran-

gers qui rendent des services importants à la Perse,
et afin de donner une marque de satisfaction aux
ambassadeurs et aux personnes de leur suite. Il est
exclusivement réservé aux étrangers, et les musul-
mans ne peuvent y être admis.

SOLEIL D'OR (Ordre du).

Cet ordre existe dans l'empire des Birmans. Il est
exclusivement réservé aux grands dignitaires et aux
étrangers de distinction.

Le diplôme est délivré sur une feuille d'or très-
mince, et où les caractères en langue sanscrite sont
imprimés en repoussé.

T

TABLE RONDE (Ordre de la).

Artus, roi d'Angleterre, créa cet ordre en 516, et le conféra aux douze plus braves chevaliers de son royaume, qui s'engageaient à défendre la religion et l'État.

Après les exploits guerriers, les fêtes et les tournois, les chevaliers de la Table ronde s'assemblaient le jour de la Pentecôte autour d'une table ronde, et chacun devait raconter ses exploits de l'année. Quelques historiens anglais nient l'existence de cet ordre, entre autres Guillaume Cambden et Thomas de Walsimgham. Ce dernier prétend qu'Édouard II fit bâtir une maison à laquelle il donna le nom de Table ronde, ce qui, selon lui, peut avoir donné lieu à la croyance d'une institution de chevalerie. Quoi qu'il en soit, les noms des chevaliers de la Table ronde ont été souvent cités en divers ouvrages et se retrouvent dans la plupart des romans de chevalerie.

TEMPLE (Ordre du).

Onze gentilshommes, parmi lesquels se trouvaient

Hugues de Paganis et Geoffroy de Saint-Aumier, entreprirent, en 1119, le voyage de la terre sainte, et obtinrent de Guaumond, patriarche de Jérusalem, la permission d'y fonder un établissement de chevaliers hospitaliers préposés à la garde du temple de Salomon. .

Le roi de Palestine, Baudouin II, considérant le zèle de ces gentilshommes, leur donna une maison dans l'enclos du Temple; d'autres personnes se joignirent à eux, et, en peu de temps, ils devinrent assez nombreux pour se constituer en ordre de chevalerie religieux et militaire, qui prit le nom d'ordre du Temple, et se divisa en commandeurs, frères servants d'armes et serviteurs domestiques.

Cette institution fut établie sous la règle de saint Augustin, approuvée en 1128 par saint Bernard, et confirmée par le pape Innocent III.

Les Templiers, qui vivaient d'une manière exemplaire, ne tardèrent pas à attirer sur eux l'estime et la bienveillance des rois de Jérusalem, qui les protégèrent longtemps; aussi acquirent-ils une puissance réelle, qu'ils employèrent à la défense de la religion chrétienne, soit en terre sainte, soit dans tous les royaumes où ils allèrent fonder des commanderies, et notamment en Espagne, ravagée par les Maures, qu'ils battirent souvent.

De grandes richesses vinrent appuyer encore leur force; mais cette possession de biens considérables leur fut fatale.

Quelques-uns des souverains qui les avaient attirés

en pays étrangers furent jaloux de l'accroissement de l'ordre et de sa splendeur, et, comme à cette époque les guerres incessantes menaçaient grandement les finances de leurs royaumes, ces rois ne songèrent qu'à trouver les moyens de confisquer à leur profit la fortune des Templiers.

Le roi de France fut le premier qui exécuta ce mauvais dessein ; le 5 octobre 1307, le roi Philippe le Bel donna l'ordre de procéder à l'arrestation des membres de l'ordre du Temple, accusés d'impiété, d'hérésie et de tous les désordres qui devaient soulever contre eux l'opinion publique.

Un grand nombre de chevaliers et le grand maître, Jacques de Molay, furent condamnés aux flammes ; le bûcher fut allumé à Paris sur le terre-plein du Pont-Neuf, et les malheureux expièrent, dans d'atroces souffrances, le crime d'une trop grande prospérité.

Dans les autres États, on arrêta les chevaliers, on les jeta en prison, et partout on confisqua leurs biens. Ceux d'entre eux qui furent assez heureux pour échapper aux poursuites durent se cacher et se réfugier en d'autres lieux.

Un concile général fut assemblé à Vienne, le 16 octobre 1311 ; la condamnation de l'ordre y fut décidée, et une bulle du 22 mai 1312 en prononça l'extinction, ainsi que la confiscation générale de tout ce qui pouvait appartenir aux chevaliers.

Nous avons dit qu'un certain nombre de ces derniers avaient pu se sauver. D'un autre côté, le grand maître, Jacques de Molay, prévoyant les événements qui allaient survenir, avait eu le temps, avant son arrestation, de désigner secrètement pour son successeur Jean-Marc de Larmeny, qui s'occupa, peu de temps après le supplice de ces chevaliers, à réunir les débris de l'ordre épars en tous pays. Il leur donna une charte nouvelle, le 13 février 1324, qui s'est perpétuée jusqu'à nos jours. Aujourd'hui, l'ordre du Temple est publiquement reconnu en divers États d'Europe, et les chevaliers, en nombre assez considérable, sont nommés parmi les hommes qui se distinguent par leur science, leur mérite et leurs vertus.

TÊTE DE MORT (Ordre de la).

Sylvius Nemrod, duc de Wurtemberg, créa cet ordre en 1652, et nomma sa mère grande prieure; il tomba bientôt en désuétude, et commençait à disparaître, lors qu'en 1709 Louise - Élisabeth de Saxe-Mesbourg le rétablit, et le destina aux dames qui faisaient le vœu de se priver de jeux, de spectacles, d'habits ou d'équipages magnifiques, et de tout amusement de galanterie. Malgré ce renouvellement, l'institution s'éteignit complétement peu de temps après.

TEUTONIQUE (Ordre),
  ou Ordre de PRUSSE,
  ou Ordre des CHEVALIERS DE LA VIERGE DE LA MAISON DES TEUTONS EN JÉRUSALEM,
  ou Ordre de NOTRE-DAME DES ALLEMANDS.

Lors de la conquête de la terre sainte par les premiers chrétiens, un nombre con-
sidérable de fidèles s'y rendirent
en pèlerinage. Un riche Allemand,
qui s'était établi à Jérusalem avec
sa famille, y recevait les pèlerins
de son pays. Afin de pouvoir mieux
exercer la charité, il obtint du
patriarche de Jérusalem la permission d'élever un hôpital; plusieurs fidèles se joignirent à lui et
consacrèrent leurs biens à soulager les pauvres et les malades.

Vers 1191, quelques habitants de Brême et de Lubeck,
édifiés des bienfaits de cette institution, firent don
aux hospitaliers de leur fortune; alors se fonda, sous
le nom d'ordre Teutonique, un ordre religieux, hospitalier et militaire, sur le modèle de l'ordre du Temple et sur celui de Saint-Jean de Jérusalem (Malte). Il
fut approuvé en 1197 par le pape Célestin III, qui
donna aux chevaliers la règle de saint Augustin, et
exigea que tous les membres seraient Allemands et
appartiendraient à la noblesse. L'ordre Teutonique
occupe une place importante parmi les ordres qui
rendirent de grands services à la religion chrétienne; ses chevaliers accomplirent de brillants faits
d'armes et se trouvèrent mêlés à la plupart des
luttes religieuses des temps passés.

Après la réunion de l'ordre de Dobrin à l'ordre
Teutonique, ce dernier changea son nom contre

celui d'ordre de Prusse, et continua brillamment sous ce nouveau nom la renommée et l'illustration qu'il s'était acquises précédemment.

Les siècles s'écoulèrent en respectant cette institution, et l'empereur François Ier d'Autriche, dans le but de lui donner son entière approbation, lui abandonna, par lettre autographe du 17 février 1806, la possession des biens qui avaient été mis à la disposition de la maison d'Autriche après la conclusion de la paix de Presbourg.

Le 28 juin 1840, les statuts ont été renouvelés, et, par suite des modifications qui y furent apportées, l'ordre est actuellement considéré en Autriche comme un établissement de chevalerie indépendant et religieux.

L'empereur est protecteur de l'ordre; l'archiduc, grand maître.

THÉRÈSE (Ordre de).

Cet ordre a été créé le 12 octobre 1827, par la reine Thérèse de Bavière et confirmé par le roi. Son but est d'accorder à certain nombre de filles nobles, outre une distinction honorifique, une rente annuelle de 300 florins pour suppléer à la médiocrité de leur fortune. Les dames de l'ordre, dont le nombre est aujourd'hui fixé à douze, ne peuvent être choisies que parmi les demoiselles nobles de Bavière, nées de mariage légitime, et dont les revenus ne dépassent pas 250 florins, provenant de leur fortune privée. Cette rente s'éteint au mariage de la titulaire. La reine nomme

avec l'agrément du roi. Il y a aussi des dames honoraires qui peuvent être choisies hors du royaume.

TOISON D'OR (Ordre de la).

Philippe II, dit le Bon, duc de Bourgogne et de Flandre, créa cet ordre à Bruges le 10 janvier 1431, en l'honneur de la très-sainte Vierge, de l'apôtre saint André, et afin de perpétuer le souvenir de son mariage avec l'infante Isabelle de Portugal.

Cette fondation pieuse fut approuvée par les papes Grégoire XIII en 1574, et Clément VIII en 1599; par suite du mariage de l'archiduc d'Autriche, Maximilien, avec la fille de

Espagne.

Charles le Téméraire, la grande maîtrise passa dans la maison d'Autriche.

En 1556, après l'abdication de Charles-Quint, petit-fils de Maximilien, la branche espagnole de la maison d'Autriche resta en possession de l'ordre jusqu'à la mort de Charles II. Par suite de la guerre de Succession, Charles III quitta l'Espagne, et se retira à Vienne, où il célébra, en 1713, le rétablissement de l'ordre de la Toison d'or, dont il se déclara seul grand maître.

Autriche.

Philippe V, roi d'Espagne, protesta au congrès de Vienne contre la déclaration de Charles III, et, le différend qui continua entre François Ier et Ferdinand VI n'ayant pu se terminer, les souverains des deux pays conservèrent le droit de conférer l'ordre, l'un des plus illustres de l'Europe. Les chevaliers créés en Espagne doivent être princes ou grands d'Espagne, et s'être illustrés par des services éminents ou des actions éclatantes.

TOUR ET DE L'ÉPÉE (Ordre de la).

Cet ordre fut créé en 1459 par Alphonse V, roi de Portugal, qui le conféra à vingt-sept chevaliers. Ce nombre de vingt-sept représentait l'âge d'Alphonse lorsqu'il s'empara de Fez.

Le 8 novembre 1808, le roi Jean II le renouvela

à Rio-Janeiro, et le destina à recompenser le dévoue-ment à sa personne, et les ser-vices rendus à la cause royale des Portugais pendant les der-nières guerres.

Les statuts ont été modifiés par la reine doña Maria. Les membres sont aujourd'hui divi-sés en quatre classes : grands-croix, commandeurs, officiers, chevaliers.

La grande maitrise est an-nexée à la couronne de Portugal.

TRUXILLO (Ordre de). Voy. MONTJOIE.

TUNIS (Ordre de). Voy. CROIX DE BOURGOGNE.

TUSIN (Ordre de).

Cet ordre fut créé en Allemagne vers 1562 par l'em-pereur Maximilien, qui le destina à défendre la reli-gion. Il disparut peu de temps après sa fondation.

U

UNION DE HOLLANDE (Ordre de l').

Cet ordre fut créé en 1807 par Louis-Napoléon Ier, roi de Hollande, qui le destina à consacrer l'union véritable des Hollandais, et s'en déclara grand maître.

Les membres étaient divisés en trois classes : grands-croix, commandeurs et chevaliers.

Il fut aboli par décret du 18 octobre 1815, et remplacé par l'ordre de la Réunion.

UNION PARFAITE (Ordre de l'). Voy. FIDÉLITÉ.

V

VASE DE LA VIERGE (Ordre du). Voy. Jara.

VERTU MILITAIRE (Ordre pour la). Voy. Mérite militaire.

VIERGE (Ordre de la).

Cet ordre fut créé en Italie par deux gentilshommes de Spelli, nommés Pierre-Jean-Baptiste et Bernard Pehigna, qui le firent approuver par le pape Paul V en l'année 1610, et le placèrent sous l'invocation de la très-sainte Vierge.

Les chevaliers s'engageaient à défendre la religion catholique, à faire la guerre aux infidèles, et à tra-travailler à l'exaltation de la sainte Église.

VIGILANCE (Ordre de la). Voy. Faucon blanc.

W

WASA (Ordre de).

Cet ordre fut créé en Suède le 26 mai 1772 par le roi Gustave III, le jour même de son couronnement; il le destina spécialement à récompenser les artistes, agriculteurs, commerçants et manufacturiers.

Le nom de Wasa lui fut donné en souvenir d'une branche de la maison des rois de Suède portant ce nom, et dont le chef, Érichson Wasa, sénateur du royaume, fut le père de Gustave I⁰ʳ.

Le roi régnant est grand maître de l'ordre, qu'aucun souverain, aux termes des statuts, ne peut abolir. Les membres sont divisés en trois classes : grands-croix, commandeurs et chevaliers.

WESTPHALIE (Ordre royal de).

Cet ordre fut créé le 15 décembre 1809, dans le

royaume de Westphalie, par le roi Jérôme-Napo
léon Ier, qui le destina à récompenser les vertus, le
mérite et les services civils et militaires. Les membres furent divisés en trois classes de chevaliers.

L'ordre fut aboli en 1813.

MÉDAILLES.

MÉDAILLE DE SAINTE-HÉLÈNE.

Décret impérial, qui accorde une médaille commémorative à tous les militaires français et étrangers des armées de terre et de mer qui ont combattu sous les drapeaux de la France, de 1792 à 1815.

Napoléon, etc.,

Voulant honorer par une distinction spéciale les militaires qui ont combattu sous les drapeaux de la France, dans les grandes guerres de 1792 à 1815.

18.

Avons décrété et décrétons ce qui suit :

Art. 1er. Une médaille commémorative est donnée à tous les militaires français et étrangers des armées de terre et de mer qui ont combattu sous nos drapeaux de 1792 à 1815.

Cette médaille sera en bronze et portera, d'un côté, l'effigie de l'Empereur ; de l'autre, pour légende : *Campagnes de 1792 à 1815.—A ses compagnons de gloire, sa dernière pensée*, 5 *mai* 1821.

Elle sera portée à la boutonnière, suspendue par un ruban vert et rouge.

Art. 2. Notre ministre d'État et le Grand chancelier, etc.

Fait au palais de Saint-Cloud, le 12 août 1857.

MÉDAILLE MILITAIRE.

Décret du 22 janvier 1852 qui restitue au Domaine de l'État les biens meubles et immeubles qui sont l'objet de la donation faite, le 7 août 1830, par le roi Louis-Philippe.

Art. 11. Il est créé une médaille militaire donnant droit à 100 fr. de rente viagère, en faveur des soldats et sous-officiers de l'armée de terre et de mer, placés dans les conditions qui seront fixées par un règlement ultérieur.

DÉCRET DU 29 FÉVRIER 1852.

Vu le décret du 22 janvier 1852 (art. 11), portant création d'une médaille militaire, donnant, etc.

Sur le rapport du ministre de la guerre et sur l'avis conforme du ministre de la marine ;

Décrète :

Art. 1er. La médaille militaire, instituée par l'article 11 du décret du 22 janvier 1852, sera en argent et d'un diamètre de 28 millimètres.

- Elle portera, d'un côté, l'effigie de Louis-Napoléon, avec son nom pour exergue ; et de l'autre côté, dans l'intérieur du médaillon, la devise . *Valeur et discipline*. Elle sera surmontée d'une aigle.

Art. 2. Les militaires et marins qui auront obtenu la médaille la porteront attachée par un ruban jaune avec un liseré vert, sur le côté gauche de la poitrine.

MÉDAILLES DE CRIMÉE ET DE LA BALTIQUE.

La reine d'Angleterre ayant bien voulu comman-
der qu'une médaille portant le mot *Crimée,* et une

CRIMÉE.

BALTIQUE.

devise appropriée, fût conférée à tous officiers, sous-
officiers et soldats des armées alliées, la médaille
de Crimée, puis celle de la Baltique furent instituées
et délivrées à tous ceux qui prirent part à la guerre
de Crimée.

Les agrafes indiquent le nom des batailles auxquelles ont assisté les titulaires.

MÉDAILLE D'ITALIE.

Napoléon,

Par la grâce de Dieu et la volonté nationale, Empereur des Français ;

A tous présents et à venir, salut.

Sur le rapport de nos ministres d'État, de la guerre et de la marine ;

Avons décrété et décrétons ce qui suit :

« Art. 1er. Il est créé une médaille commémorative de la campagne d'Italie.

« Art 2. La médaille sera en argent et du module de 27 millimètres.

« Elle portera, d'un côté, l'effigie de l'Empereur, avec ces mots en légende : *Napoléon III Empereur*, et de l'autre côté, en inscription, les noms : *Montebello, Palestro, Turbigo, Magenta, Marignan, Solferino*, et en légende les mots : *Campagne d'Italie*, 1859. Ce médaillon sera encadré par une couronne de laurier, formant relief des deux côtés.

« Art. 3. Les militaires et marins qui auront obtenu la médaille la porteront attachée par un ruban rayé rouge et blanc sur le côté gauche de la poitrine.

« Art. 4. La médaille est accordée par l'Empereur, sur la proposition du ministre de la guerre et de la marine, à tous les militaires et marins qui auront fait la campagne d'Italie.

« Art. 5. Nos ministres d'État, de la guerre et de la marine sont chargés, chacun en ce qui les concerne, de l'exécution du présent décret, qui sera inséré dans le *Bulletin des lois*.

Fait au palais de Saint-Cloud, le 11 août 1859.

NAPOLÉON.

TABLEAU

INDIQUANT LA COULEUR DU RUBAN DES DIFFÉRENTS
ORDRES ACTUELLEMENT CONFÉRÉS.

A

Aigle blanc.......... Russie .... Bleu-azur.
Aigle noir.......... Prusse .... Orange.
Aigle rouge........ Prusse............. Blanc, deux liserés
orange.
Albert le Valeureux. Saxe .... Vert, deux liserés
blancs.
Albert l'Ours....... Duché d'Anhalt ... Vert foncé, deux
larges liserés pon-
ceau.
Alcantara .... Espagne........... Vert foncé.
Annonciade .... Sardaigne .... Collier (pas de ru-
ban).
Avis............... {Portugal .... Vert.
{Brésil .... Vert foncé, deux li-
serés incarnat.

B

Bain .... Angleterre........ Rouge cramoisi.

C

Calatrava........... Espagne .... Rouge feu.
Chardon........... Angleterre .... Vert
Charles III........ Espagne .... Trois parties éga-
les: celle du milieu
blanche, les deux
autres bleu de ciel.
Charles XIII........ Suède............ Rouge.

19

Christ...............	États romains.....	Rouge feu.
	Portugal..........	Rouge feu.
	Brésil.............	Rouge feu, deux liserés bleus.
Civil de Savoie.....	Sardaigne.........	Trois parties égales : celle du milieu bleu ciel, les deux autres blanches.
Constantinien de Saint-Georges....	Deux-Siciles.......	Bleu.
	Parme........ ...	Bleu.
Couronne de Chêne.	Pays-Bas..........	Jaune-orange, trois liserés vert foncé.
Couronne de fer....	Autriche..........	Jaune d'or, deux liserés bleu de Prusse.
Couronne de Rue...	Saxe royale.......	Vert foncé.
Couronne de Wurtemberg..........	Wurtemberg......	Cramoisi, deux liserés noirs.
Croix étoilée.......	Autriche..........	Noir.
Croix de fer militaire.............	Prusse............	Noir, deux liserés blancs.
Croix de fer civile..	Prusse.	Blanc, deux liserés noirs.
Croix du Sud.......	Brésil.............	Bleu de ciel.
Cygne.............	Prusse............	Collier. (Pas de ruban.)

D

Danebrog..........	Danemark........	Blanc, deux liserés rouge ponceau.

E

Éléphant..........	Danemark........	Bleu de ciel.
Élisabeth..........	Bavière..........	Bleu, deux liserés rouges.
Élisabeth-Thérèse..	Autriche..........	Noir.
Épée de Suède.....	Suède............	Jaune d'or, deux liserés bleu-azur.
Étoile polaire......	Suède............	Noir.

F

Faucon blanc.......	Saxe-Weimar........	Rouge feu.
Fidélité	Bade	Orange, deux liserés blancs.
François-Joseph....	Autriche	Rouge foncé.
François Ier.........	Deux-Siciles	Amarante, deux liserés bleus.
Fréderic	Wurtemberg	Bleu–azur.

G

Guelfes	Hanovre	Bleu-azur.
Guillaume Ier........	Pays-Bas	Jaune orange, deux liserés bleu Nassau.

H

Henri le Lion.......	Brunswick	Rouge ponceau foncé, deux liserés jaune d'or.

I

Isabelle II.........	Espagne...... ...	Bleu de ciel.
Isabelle la Catholique	Espagne....... ...	Blanc, deux larges liserés jaune d'or.

J

Jarretière	Angleterre	Bleu de ciel.

L

Légion d'honneur...	France	Rouge feu.

Léopold	Belgique	Rouge ponceau foncé.
Léopold.............	Autriche	Rouge feu, deux liserés blancs.
Lion de Zahringen .	Bade	Vert foncé, deux liserés orange.
Lion d'òr........ ...	Hesse Électorale..	Rouge feu.
Lion Néerlandais...	Pays-Bas	Bleu Nassau, deux liserés jaune orange.
Louis	Hesse grand-ducale..............	Noir, deux liserés rouge feu.
Louis de Bavière ...	Bavière...........	Cramoisi, deux liserés bleus.
Louise	Prusse	Noir, deux liserés blancs.

M

Maison ducale Ernestine..........	Saxe-Altembourg ..	Rouge feu, deux liserés vert foncé.
Malte	Autriche, — Etats romains, — Espagne	Noir.
Marie-Louise.......	Espagne...........	Blanc, deux larges liserés violets.
Marie-Thérèse	Autriche	Blanc, deux larges liserés rouge feu.
Maximilien-Joseph..	Bavière	Noir, deux liserés bleu de ciel et deux liserés blancs.
Maximilien pour la science...........	Bavière	Bleu, deux liserés blancs.
Medjidié	Turquie	Rouge, deux liserés verts.
Mérite civil	Saxe	Blanc, deux liserés vert foncé.
Mérite civil	Prusse	Noir, deux liserés argent.
Mérite civil de la couronne.........	Bavière	Bleu de ciel, deux liserés blancs.
Mérite de Pierre-Frédéric Louis	Oldenbourg	Bleu de Prusse, deux liserés rouge feu.
Mérite de Saint-Michel	Bavière	Bleu de ciel, bordé de rouge.
Mérite militaire	Prusse	Noir, deux liserés blancs.

Mérite militaire	Toscane............	Rouge et noir.
Mérite militaire	Russie............	Bleu de Prusse, deux liserés noirs.
Mérite militaire.....	Hesse Cassel	Bleu de ciel, deux liserés blanc.
Mérite militaire	Wurtemberg	Bleu de Prusse.
Mérite militaire de Charles-Frédéric..	Bade	Rouge, deux liserés jaunes, deux blancs.
Militaire de Savoie..	Sardaigne	Bleu-azur.
Montesa	Espagne	Rouge feu.
Moreto	États de l'Église...	Rouge, deux liserés noirs.

N

Nichan	Tunis	Vert, deux liserés rouge feu.
Nichan Iftihar	Turquie	Rouge feu, deux liserés verts.
Notre-Dame-de-la-Conception.......	Portugal	Bleu de ciel, deux liserés blancs.

P

Pedro	Brésil	Vert, deux liserés blancs.
Philippe le Magnanime........... .	Hesse grand-ducale.............	Rouge-ponceau foncé, deux liserés bleu azur.
Pie IX	Etats romains.....	Bleu de Prusse, quatre liserés rouge feu.
Principautés de Hohenzollern	Prusse	Blanc, trois liserés noirs, dont un au milieu.

R

Rose	Brésil...........	Rose, deux liserés blancs.

19.

S

Saint-Alexandre Newski............	Russie	Rouge feu.
Saint André........	Russie.............	Bleu-azur.
Saint-Etienne	Toscane...........	Rouge feu.
Saint et apostolique roi Etienne........	Autriche	Rouge, deux liserés verts.
Saint - Ferdinand...	Espagne	Rouge feu, deux liserés jaune d'or.
Saint-Ferdinand et du Mérite........	Deux-Siciles.......	Bleu-azur, deux liserés orange.
Saint-George.......	Hanovre	Rouge foncé.
Saint-Georges-Défenseur	Bavière	Bleu de ciel, deux liserés noirs, deux blancs.
Saint-Georges	Russie	Orange, trois liserés noirs.
Saint-Georges et de la Réunion	Deux-Siciles.......	Bleu de ciel, deux liserés orange.
Saint-Georges et du Mérite militaire ..	Lucques...........	Rouge feu, un large liseré blanc au centre.
Saint - Grégoire le Grand............	États romains.....	Rouge feu, deux liserés orange.
Saint-Henri.........	Saxe-Royale.......	Bleu azur, deux liserés citron.
Saint - Herménégilde.............	Espagne...........	Trois parties égales : celle du milieu cramoisi, les deux autres blancs.
Saint-Hubert., ...	Bavière)..........	Rouge feu, bordé de vert foncé.
Saint - Jacques de l'Epée	Espagne...........	Rouge feu.
	Portugal	Violet.
	Brésil	Violet, deux liserés bleus.
Saint-Janvier	Deux-Siciles.......	Rouge feu.
Saint-Jean	Prusse	Noir.
Saint-Joseph	Toscane...........	Rouge feu, deux liserés blancs.
Saint-Louis.........	Lucques...........	Bleu azur, deux liserés jaune d'or.
Saint-Michel et Saint-Georges	Angleterre	Bleu, un large liseré écarlate au milieu.

Saint-Olaüs.........	Suède...........	Rouge , de chaque côté un liseré bleu entre deux blancs.
Saint-Patrice.......	Angleterre	Bleu-azur.
Saint-Stanislas......	Russie	Rouge écarlate, quatre liserés blancs.
Saint-Sylvestre	États romains	Cinq parties égales : celles du milieu et des extrémités rouge feu, les deux autres noires.
Saint-Wladimir	Russie...........	Trois parties égales : celle du milieu écarlate, les deux autres noires.
Sainte Anne........	Russie...........	Rouge clair, deux liserés jaunes.
Sainte-Catherine....	Russie...........	Rouge - ponceau , deux liserés argent.
Sainte-Élisabeth	Portugal..........	Quatre parties égales : rose tendre, blanc, rose tendre, blanc.
Saints-Maurice-et-Lazare	Sardaigne	Vert
Sauveur...........	Grèce...........	Bleu de ciel, deux liserés blancs.
Séraphins.	Suède...........	Bleu-azur.
Soleil de Perse et du Lion.............	Perse	Rouge pâle.

T

Teutonique	Autriche..........	Noir.
Thérèse...........	Bavière	Blanc , deux liserés bleus.
Toison d'or	{Espagne	Rouge feu.
	{Autriche	Rouge feu.
Tour et de l'Epée....	Portugal	Bleu de Prusse foncé.

W

Wasa	Suède...........	Vert foncé.

MÉDAILLES.

Baltique..............	Angleterre-France.	Jaune, liseré bleu
Crimée.............	Angleterre-France.	Bleu, liseré jaune.
Italie..............	France.............	Rayé blanc et rouge.
Militaire	France.............	Jaune, deux liserés verts.
Sainte-Hélène	France.............	Rayé vert et rouge.

ORDRES

CONFÉRÉS PAR LES MAISONS SOUVERAINES.

PAYS.	ORDRES.
ANHALT.	Albert l'Ours.
AUTRICHE.	Couronne de fer.
—	Croix étoilée.
—	Élisabeth-Thérèse.
—	François-Joseph.
—	Léopold.
—	Malte.
—	Marie-Thérèse.
—	Saint et apostolique roi Étienne.
—	Teutonique.
—	Toison d'or.
BADE.	Fidélité.
—	Lion de Zahringen.
—	Mérite militaire de Charles-Frédéric.
BAVIÈRE.	Elisabeth.
—	Louis de Bavière.
—	Maximilien-Joseph.
—	Maximilien pour la science.
—	Mérite civil de la couronne.
—	Mérite de Saint-Michel.
—	Saint-Georges-Défenseur
—	Saint Hubert.
—	Thérèse.
BELGIQUE.	Léopold.
BRÉSIL.	Avis.
—	Christ.

Brésil.	Croix du Sud.
—	Pedro.
—	Rose.
—	Saint-Jacques de l'Épée.
Brunswick.	Henri-le-Lion.
Danemark.	Danebrog.
—	Éléphant.
Deux-Siciles.	Constantinien de Saint-Georges.
—	François Ier.
—	Saint-Ferdinand et du Merite.
—	Saint-Georges et de la Réunion
—	Saint-Janvier.
Espagne.	Alcantara.
—	Calatrava.
—	Charles III.
—	Isabelle II.
—	Isabelle la Catholique.
—	Malte.
—	Marie-Louise.
—	Montesa.
—	Saint-Ferdinand.
—	Saint-Herménégilde.
—	Saint-Jacques de l'Épée.
—	Toison d'or.
États-Romains.	Christ.
—	Malte.
—	Moreto.
—	Pie IX.
—	Saint-Grégoire le Grand.
—	Saint-Sylvestre.
France.	Légion d'honneur.
Grande-Bretagne.	Bain.
—	Chardon.
—	Jarretière.
—	Saint-Michel et Saint Georges.
—	Saint-Patrice.
Grèce.	Sauveur.

Hanovre.	Guelfes.
—	Saint-Georges.
Hesse-Cassel.	Mérite militaire.
Hesse-Électorale.	Lion d'or.
Hesse-Grand-Ducale.	Louis.
—	Philippe le Magnanime.
Lucques.	Saint-Georges et du Mérite militaire.
—	Saint-Louis pour le Mérite civil.
Oldenbourg.	Mérite de Pierre-Frédéric-Louis.
Parme.	Constantinien de Saint-Georges.
Pays-Bas.	Couronne de chêne.
—	Guillaume Ier.
—	Lion néerlandais.
Perse.	Soleil de Perse et du Lion.
Portugal.	Avis.
—	Christ.
—	Notre-Dame de la Conception.
—	Saint-Jacques de l'Épée.
—	Sainte-Élisabeth.
—	Tour et de l'Épée.
Prusse.	Aigle noir.
—	Aigle rouge.
—	Croix de fer militaire.
—	Croix de fer civile.
—	Cygne.
—	Louise.
—	Mérite civil.
—	Mérite militaire.
—	Pincipautés de Hohenzollern.
—	Saint-Jean.
Russie.	Aigle blanc.
—	Mérite militaire.
—	Saint-Alexandre Newski.
—	Saint-André.
—	Saint-Georges.
—	Saint-Stanislas.

Russie.	Saint-Wladimir.
—	Sainte-Anne.
—	Sainte-Catherine.
Sardaigne.	Annonciade.
—	Civil de Savoie.
—	Militaire de Savoie.
—	Saints-Maurice et-Lazare.
Saxe.	Albert le Valeureux.
—	Couronne de Rue.
—	Mérite civil.
—	Saint-Henri.
Saxe-Altembourg.	Maison ducale Ernestine.
Saxe-Weimar.	Faucon-Blanc.
Suède.	Charles XIII.
—	Épée de Suède.
—	Etoile polaire.
—	Saint-Olaüs.
—	Séraphins.
—	Wasa.
Toscane.	Mérite militaire.
—	Saint-Étienne.
—	Saint-Joseph.
Tunis.	Nichan.
Turquie.	Medjidié.
—	Nichan-Iftihar.
Wurtemberg.	Couronne de Wurtemberg.
—	Frédéric.
—	Mérite militaire.

FIN.

www.ingramcontent.com/pod-product-compliance
Lightning Source LLC
Chambersburg PA
CBHW062213270326
41930CB00009B/1730